音声ダウンロード

品詞別・例文で覚える

HSK

Hanyu Shuiping Kaoshi

基本語彙

1級—4級

郭 春貴・郭 久美子 編著

Kaku Haruki　Kaku Kumiko

白帝社

Hakuteisha

本書の音声について

■本書の音声は、白帝社ホームページ内の本書のページからダウンロードして聞きます。「白帝社　HSK 基本語彙 1 級—4 級」で検索、または下記サイトにアクセスしてください。

吹込み：郭春貴

http://www.hakuteisha.co.jp/news/n35140.html

■本文中の CD マークの箇所が音声ファイル（MP3）提供箇所です。
ファイルは ZIP 形式で圧縮された形でダウンロードされます。
ファイルは「すべての級」と「1 級」～「4 級」ごとに選んでダウンロードできます。

※各機器と再生ソフトに関する技術的なご質問は、各メーカーにお願いいたします。
※本テキストと音声は著作権法で保護されています。

■音声ダウンロードをご利用できない場合は、CD 1 枚を 800 円（税込・送料込）でお送りいたします。
必要事項（①『HSK 基本語彙 1 級—4 級』の CD 希望、②お送り先のご住所、③お名前）を明記し、800 円を現金書留でお送りいただくか、800 円分の切手か郵便小為替を同封して、下記宛にお申し込みください。

〒 171-0014　東京都豊島区池袋 2-65-1　白帝社 CD 係

前書き

まず、私たちが2006年に編著した『HSK基本語3051』がたくさんの学習者のみなさんの役に立ち、大変喜んでいただいていることに心から深く感謝いたします。

2009年、中国語のTOEFLといわれるHSKの等級が３つのレベル（基礎、初中等、高等）の１級～11級から１級～６級だけに変更されました。

『HSK基本語3051』は中国語の学習の上で、大切な基本語彙であることに変わりありませんが、新しいHSKに適応することができなくなりました。そのため、今回はHSKを受ける学習者のために、新しいHSKに適合した語彙集を編著することになりました。

新しいHSKの語彙数は、公式ガイドブック『新漢語水平考試大網HSK1級－６級』（中国国家漢語弁公室／孔子学院総部編制　商務印書館。以下「大網」）によると、１級150語、２級300語（１級の150語を含む）、３級600語（２級の300語を含む）、４級1200語（３級の600語を含む）、５級2500語（４級の1200語を含む）、６級5000語（５級の2500語を含む）に分けられています。１級と２級は品詞で分類されていますが、３級以上は品詞で分類されておらず、ピンイン順で載せてあります。

本書は「１級－４級」と「５級－６級」に分け、２冊にして編著しました。２冊とも『HSK基本語3051』と同じように、すべての単語（中国語の単語のみ）の音声を用意しています。また、作文や入れ換え練習などに応用できるよう、単語を品詞ごとに分類しています。そして、覚えやすくするために、なるべくその級以内の単語を使って例文を作りました。さらに、学習者の利便性を考え、ピンインもつけています。必要な品詞のページを開いて、そこにある単語を応用すれば、語彙が飛躍的に増えることでしょう。

「大綱」は2つ以上の品詞を兼ねる（“兼类”）単語を1つと計算していますが、本書は学習の便宜のためにも、よく使われるこのような“兼类”の単語をできる限り、別々に載せています。例えば1級の“在”は「大綱」では前置詞（“介词”）だけですが、本書は動詞と副詞にも入れています。

この『HSK 基本語彙』が、学習者にとって必要なのはもちろんのこと、教える側もこれを基準にして教えれば、教学効果がより高くなるのではないかと思います。さらに、教材を編集する時などにもお役に立てていただければ、大変うれしく思います。

最後に、本書の編集にあたって、白帝社の小原恵子様と十時真紀様より多大なご支援とご協力をいただき、心から深く感謝いたします。皆様のご指導、ご意見をお待ちしております。謝謝!!

2012年5月

郭春貴・久美子

目　次

1級

名　詞　3
動　詞　10
形容詞　15
副　詞　17
代名詞　18
助動詞　21
助　詞　22
数　詞　23
量　詞　25
前置詞　26
接続詞　26
感嘆詞　27

2級

名　詞　31
動　詞　37
形容詞　42
副　詞　45
代名詞　47
助動詞　48
助　詞　49
数　詞　50
量　詞　51
前置詞　52
接続詞　53

3級

名　詞　*57*
動　詞　*71*
形容詞　*81*
副　詞　*86*
代名詞　*89*
助動詞　*89*
助　詞　*90*
数　詞　*90*
量　詞　*91*
前置詞　*93*
接続詞　*94*
その他　*95*

4級

名　詞　*99*
動　詞　*121*
形容詞　*143*
副　詞　*154*
代名詞　*160*
助動詞　*161*
助　詞　*161*
数　詞　*162*
量　詞　*163*
前置詞　*165*
接続詞　*167*
その他　*170*

日本語索引　*173*

HSK 日本実施委員会
TEL ：03-3268-6601　　E メール：hsk@jyda.jp
http://www.hskj.jp/

1級

名 词（名 詞）

CD 2

1 **爸爸**
bàba
・お父さん
你爸爸在哪儿工作？ Nǐ bàba zài nǎr gōngzuò?
あなたのお父さんはどこで働いていますか。

2 **杯子**
bēizi
・コップ
这个杯子是我的。 Zhèige bēizi shì wǒ de.
このコップは私のです。

3 **北京**
Běijīng
・北京
我想去北京留学。 Wǒ xiǎng qù Běijīng liúxué.
私は北京に留学したい。

4 **菜**
cài
・野菜、料理
你喜欢吃中国菜吗？ Nǐ xǐhuan chī Zhōngguócài ma?
あなたは中華料理が好きですか。

5 **茶**
chá
・お茶
你爱喝什么茶？ Nǐ ài hē shénme chá?
あなたはどんなお茶が好きですか。

6 **出租车**
chūzūchē
・タクシー
你坐出租车去吗？ Nǐ zuò chūzūchē qù ma?
あなたはタクシーで行きますか。

7 **点**
diǎn
・何時の「時」
现在几点了？ Xiànzài jǐ diǎn le?
今何時になりましたか。

8 **电脑**
diànnǎo
・パソコン
你的电脑多少钱买的？ Nǐ de diànnǎo duōshao qián mǎi de?
あなたのパソコンはいくらで買ったのですか。

9 **电视**
diànshì

・テレビ
他不爱看电视。 Tā bú ài kàn diànshì.
彼はテレビを見るのが好きではない。

---

10 **电影**
diànyǐng

・映画
他很喜欢看电影。 Tā hěn xǐhuan kàn diànyǐng.
彼は映画を見るのが大好きだ。

---

11 **东西**
dōngxi

・物
这个东西是谁的? Zhèige dōngxi shì shéi de?
この物は誰のですか。

---

12 **儿子**
érzi

・息子
他儿子很喜欢学习汉语。 Tā érzi hěn xǐhuan xuéxí Hànyǔ.
彼の息子は中国語の勉強が大好きだ。

---

13 **饭馆**
fànguǎn

・レストラン
我们在那个饭馆吃饭。 Wǒmen zài nèige fànguǎn chī fàn.
私たちはあのレストランで食事をする。

---

14 **飞机**
fēijī

・飛行機
你坐几点的飞机? Nǐ zuò jǐ diǎn de fēijī?
あなたは何時の飛行機に乗りますか。

---

15 **狗**
gǒu

・犬
你喜欢狗吗? Nǐ xǐhuan gǒu ma?
あなたは犬が好きですか。

---

16 **汉语**
Hànyǔ

・中国語
你在哪儿学习汉语? Nǐ zài nǎr xuéxí Hànyǔ?
あなたはどこで中国語を勉強しているのですか。

---

17 **后面**
hòumiàn

・後ろ
你坐后面，我坐前面。 Nǐ zuò hòumiàn, wǒ zuò qiánmiàn.
あなたは後ろに座って、私は前に座ります。

---

18 **火车站**
huǒchēzhàn

・駅
火车站人很多。 Huǒchēzhàn rén hěn duō.
駅は人が多い。

19 **家**
jiā

・**家**
他的家很大。 Tā de jiā hěn dà.
彼の家はとても大きい。

20 **今天**
jīntiān

・**今日**
今天星期五。 Jīntiān xīngqīwǔ.
今日は金曜日です。

21 **老师**
lǎoshī

・**先生**
他是我们的汉语老师。 Tā shì wǒmen de Hànyǔ lǎoshī.
彼は私たちの中国語の先生です。

22 **里**
lǐ (li)

・**…の中**
杯子里有茶。 Bēizi li yǒu chá.
コップにお茶があります。

23 **妈妈**
māma

・**お母さん**
他妈妈是医生。 Tā māma shì yīshēng.
彼のお母さんは医者だ。

24 **猫**
māo

・**猫**
他很喜欢猫。 Tā hěn xǐhuan māo.
彼はとても猫が好きだ。

25 **米饭**
mǐfàn

・**ご飯**
我喜欢吃米饭。 Wǒ xǐhuan chī mǐfàn.
私はご飯が好きだ。

26 **明天**
míngtiān

・**明日**
你明天九点来。 Nǐ míngtiān jiǔ diǎn lái.
あなたは明日９時に来てください。

27 **名字**
míngzi

・**名前**
你儿子叫什么名字? Nǐ érzi jiào shénme míngzi?
あなたの息子さんは何というお名前ですか。

28 **年**
nián

・**年**
汉语他学习了三年。 Hànyǔ tā xuéxíle sān nián.
彼は中国語を３年勉強した。

29 **女儿**
nǚ'ér

・**娘**
他女儿很喜欢狗。 Tā nǚ'ér hěn xǐhuan gǒu.
彼の娘は犬が大好きだ。

30 **朋友**
péngyou

・**友達**
他没有中国朋友。 Tā méiyǒu Zhōngguó péngyou.
彼は中国人の友達がいない。

31 **苹果**
píngguǒ

・**リンゴ**
我很喜欢吃苹果。 Wǒ hěn xǐhuan chī píngguǒ.
私はリンゴが大好きだ。

32 **钱**
qián

・**お金**
你有钱吗? Nǐ yǒu qián ma?
あなたはお金がありますか。

33 **前面**
qiánmiàn

・**前**
李老师在我们前面。 Lǐ lǎoshī zài wǒmen qiánmiàn.
李先生は私たちの前にいます。

34 **人**
rén

・**人**
那儿有很多人。 Nàr yǒu hěn duō rén.
あそこに人がたくさんいる。

35 **日**
rì

・**日**
今天六月六日星期六。 Jīntiān liù yuè liù rì xīngqīliù.
今日は６月６日土曜日だ。

36 **商店**
shāngdiàn

・**商店**
那个商店很大。 Nèige shāngdiàn hěn dà.
あの店はとても大きい。

37 **上**
shàng
(shang)

・**上**
桌子上有一个电脑。 Zhuōzi shang yǒu yí ge diànnǎo.
机の上にパソコンが１つある。

38 **上午**
shàngwǔ

・**午前**
你今天上午去学校吗? Nǐ jīntiān shàngwǔ qù xuéxiào ma?
あなたは今日の午前学校に行きますか。

39 **时候**
shíhou

・…時（とき）
你什么时候想去中国？ Nǐ shénme shíhou xiǎng qù Zhōngguó?
あなたはいつ中国に行きたいですか。

40 **书**
shū

・本
这本书怎么样？ Zhèi běn shū zěnmeyàng?
この本はどうですか。

41 **水**
shuǐ

・水
你喝水吗？ Nǐ hē shuǐ ma?
あなたは水を飲みますか。

42 **水果**
shuǐguǒ

・果物
这些水果是你买的吗？ Zhèixiē shuǐguǒ shì nǐ mǎi de ma?
これらの果物はあなたが買ったものですか。

43 **天气**
tiānqì

・天気
今天天气太热了。 Jīntiān tiānqì tài rè le.
今日は暑すぎる。

44 **同学**
tóngxué

・同級生
她的同学都有电脑。 Tā de tóngxué dōu yǒu diànnǎo.
彼女のクラスメートはみなパソコンを持っている。

45 **下**
xià

・下
我的猫在桌子下睡觉。 Wǒ de māo zài zhuōzi xià shuìjiào.
私の猫はテーブルの下で眠っている。

46 **下午**
xiàwǔ

・午後
明天下午，我们想去买东西。 Míngtiān xiàwǔ, wǒmen xiǎng qù mǎi dōngxi. 明日の午後、私たちは買い物に行きたい。

47 **先生**
xiānsheng

・…さん、Mr.
李先生在哪儿工作？ Lǐ xiānsheng zài nǎr gōngzuò?
李さんはどこで働いているのですか。

48 **现在**
xiànzài

・今
现在五点了。 Xiànzài wǔ diǎn le.
今５時になった。

49 小姐
xiǎojie

・お嬢さん、Miss.
李小姐是北京人吗？ Lǐ xiǎojie shì Běijīngrén ma?
李さんは北京の人ですか。

---

50 星期
xīngqī

・曜日、週
今天星期几？ Jīntiān xīngqī jǐ?
今日は何曜日ですか。

---

51 学生
xuésheng

・学生
我们都是学生。 Wǒmen dōu shì xuésheng.
私たちはみな学生だ。

---

52 学校
xuéxiào

・学校
你们学校大不大？ Nǐmen xuéxiào dà bu dà?
あなたたちの学校は大きいですか。

---

53 衣服
yīfu

・服
这件衣服很漂亮。 Zhèi jiàn yīfu hěn piàoliang.
この服はきれいだ。

---

54 医生
yīshēng

・医者
他朋友的爸爸是医生。 Tā péngyou de bàba shì yīshēng.
彼の友達のお父さんは医者だ。

---

55 医院
yīyuàn

・病院
他在医院工作。 Tā zài yīyuàn gōngzuò.
彼は病院で働いている。

---

56 椅子
yǐzi

・椅子
他的衣服在椅子上。 Tā de yīfu zài yǐzi shang.
彼の服は椅子の上にあります。

---

57 月
yuè

・月
今天是七月七日。 Jīntiān shì qī yuè qī rì.
今日は７月７日だ。

---

58 中国
Zhōngguó

・中国
我想去中国。 Wǒ xiǎng qù Zhōngguó.
私は中国に行きたい。

59 **中午** zhōngwǔ

・正午、昼

今天中午你在家吗？ Jīntiān zhōngwǔ nǐ zài jiā ma?

今日のお昼にあなたは家にいますか。

60 **桌子** zhuōzi

・机、テーブル

你的桌子太小，椅子太大了。 Nǐ de zhuōzi tài xiǎo, yǐzi tài dà le.

あなたの机は小さすぎで、椅子は大きすぎだ。

61 **字** zì

・字

那个字你会写吗？ Nèige zì nǐ huì xiě ma?

その字をあなたは書けますか。

62 **昨天** zuótiān

・昨日

昨天下雨了。 Zuótiān xià yǔ le.

きのう雨が降った。

动　词（動　詞）

CD 3

1 **爱**
ài

・好む、愛する
他爱吃中国菜。　Tā ài chī Zhōngguócài.
彼は中華料理が好きだ。

你爱她吗？　Nǐ ài tā ma?
あなたは彼女を愛しているの？

2 **不客气**[*1]
bú kèqi

・どういたしまして
不客气，来，请喝茶。　Bú kèqi, lái, qǐng hē chá.
どういたしまして、どうぞ、お茶をお召し上がりください。

3 **吃**
chī

・食べる
我想吃日本菜。　Wǒ xiǎng chī Rìběncài.
私は日本料理が食べたい。

4 **打电话**[*2]
dǎ diànhuà

・電話をかける
对不起，不能在这儿打电话。　Duìbuqǐ, bù néng zài zhèr dǎ diànhuà.
すみません、ここで電話をかけてはいけません。

5 **读**
dú

・読む
这个字我不会读。　Zhèige zì wǒ bú huì dú.
この字は私は読めない。

6 **对不起**
duìbuqǐ

・すみません
对不起，请你坐那儿。　Duìbuqǐ, qǐng nǐ zuò nàr.
すみません、あそこに座ってください。

7 **工作**
gōngzuò

・仕事をする、働く
李小姐在哪儿工作？　Lǐ xiǎojie zài nǎr gōngzuò?
李さんはどこで働いていますか。

8 **喝**
hē

・飲む
你喝中国茶吗？　Nǐ hē Zhōngguóchá ma?
あなたは中国茶を飲みますか。

9 **回**
huí

・帰る
他回家了。 Tā huí jiā le.
彼は家に帰った。

10 **叫**
jiào

・…という名前である
你叫什么名字？ Nǐ jiào shénme míngzi?
あなたはお名前をなんと言いますか。

11 **开**
kāi

・開く、あく、あける
今天商店没开。 Jīntiān shāngdiàn méi kāi.
今日店は開いていない。

12 **看**
kàn

・見る
你看中国电影吗？ Nǐ kàn Zhōngguó diànyǐng ma?
あなたは中国映画を見ますか。

・読む
我喜欢看书。 Wǒ xǐhuan kàn shū.
私は本を読むのが好きだ。

13 **看见**
kànjiàn

・見た、見える
你看见王老师吗？ Nǐ kànjiàn Wáng lǎoshī ma?
あなたは王先生を見かけましたか。

14 **来**
lái

・来る
明天你来不来？ Míngtiān nǐ lái bu lái?
明日あなたは来ますか。

15 **买**
mǎi

・買う
你想买什么？ Nǐ xiǎng mǎi shénme?
あなたは何が買いたいですか。

16 **没关系** *3
méi guānxi

・かまわない
没关系，你去，我不去。 Méi guānxi, nǐ qù, wǒ bú qù.
かまいません、あなたは行って。私は行きません。

17 **请**
qǐng

・どうぞ、…してください
请看这个。 Qǐng kàn zhèige.
これを見てください。

18 去
qù

・行く
你去不去北京？　Nǐ qù bu qù Běijīng?
あなたは北京に行きますか。

19 认识
rènshi

・知り合う
你认识他吗？　Nǐ rènshi tā ma?
あなたは彼を知っていますか。

20 是
shì

・…は～です
他们都是我的同学。　Tāmen dōu shì wǒ de tóngxué.
彼らはみな私のクラスメートだ。

21 睡觉
shuìjiào

・寝る
他睡觉了吗？　Tā shuìjiào le ma?
彼は寝ましたか？

22 说话
shuōhuà

・話をする
现在不能说话。　Xiànzài bù néng shuōhuà.
今話せません。

23 听
tīng

・聞く
我不说，我听。　Wǒ bù shuō, wǒ tīng.
私は話しません、聞きます。

24 喜欢
xǐhuan

・好きだ、好む
你喜欢看电影吗？　Nǐ xǐhuan kàn diànyǐng ma?
あなたは映画が好きですか。

25 下雨 *4
xià yǔ

・雨が降る
昨天下午下雨了。　Zuótiān xiàwǔ xià yǔ le.
きのうの午後雨が降った。

26 想
xiǎng

・考える、思う
你想什么？　Nǐ xiǎng shénme?
何を考えているの？

我想他不来。　Wǒ xiǎng tā bù lái.
彼は来ないと思う。

27 写
xiě

・書く
你写什么？　Nǐ xiě shénme?
あなたは何を書きますか。

28 谢谢
xièxie
・ありがとう
太谢谢你了。 Tài xièxie nǐ le.
まことにありがとうございます。

29 学习
xuéxí
・勉強する
他们都学习汉语。 Tāmen dōu xuéxí Hànyǔ.
彼らはみな中国語を勉強する。

30 有
yǒu
・ある、いる
你妈妈有工作吗？ Nǐ māma yǒu gōngzuò ma?
あなたのお母さんはお仕事がありますか。

31 在*5
zài
・…にいる、…にある
他在这儿。 Tā zài zhèr.
彼はここにいる。

你的书在哪儿？ Nǐ de shū zài nǎr?
あなたの本はどこにあるの？

32 再见
zàijiàn
・さようなら
老师再见！ Lǎoshī zàijiàn!
先生、さようなら。

33 住
zhù
・住む、泊まる
你住哪儿？ Nǐ zhù nǎr?
あなたはどこに住みますか。

你去北京的时候，住哪儿？ Nǐ qù Běijīng de shíhou, zhù nǎr?
あなたは北京に行く時に、どこに泊まるの？

34 坐
zuò
・座る
你坐这儿，我坐那儿。 Nǐ zuò zhèr, wǒ zuò nàr.
あなたはここに座って、私はあそこに座る。

35 做
zuò
・する、作る
你会做日本菜吗？ Nǐ huì zuò Rìběncài ma?
あなたは日本料理が作れますか。

＊1、2、3、4 「大綱」は“不客气”“打电话”“没关系”“下雨”を動詞としているので、それに従う。

＊5 「大綱」は“会”“能”は動詞、“在”は前置詞とし、36 個だが、本書は“会”“能”は助動詞とし、“在”を動詞にも入れるので、35 個になる。

形容词（形容詞）

CD 4

1 **大** dà

・**大きい**

这个苹果大不大？　Zhèige píngguǒ dà bu dà?

このリンゴは大きいですか。

---

2 **多** duō

・**多い**

我有很多中国朋友。　Wǒ yǒu hěn duō Zhōngguó péngyou.

私は中国人の友達がたくさんいる。

---

3 **高兴** gāoxìng

・**うれしい**

今天我很高兴。　Jīntiān wǒ hěn gāoxìng.

今日私はとてもうれしい。

---

4 **好** hǎo

・**よい**

我们的汉语老师很好。　Wǒmen de Hànyǔ lǎoshī hěn hǎo.

私たちの中国語の先生はとてもよい。

---

5 **冷** lěng

・**寒い**

今天冷不冷？　Jīntiān lěng bu lěng?

今日は寒いですか。

---

6 **漂亮** piàoliang

・**きれいだ**

你的衣服很漂亮。　Nǐ de yīfu hěn piàoliang.

あなたの服はきれいだ。

---

7 **热** rè

・**暑い**

今天不太热。　Jīntiān bú tài rè.

今日はあまり暑くない。

---

8 **少** shǎo

・**少ない**

那儿有不少中国人。　Nàr yǒu bù shǎo Zhōngguórén.

あそこに中国人がたくさんいる。

9 小
xiǎo

・小さい
这个电视不小。 Zhèige diànshì bù xiǎo.
このテレビは小さくない。

副　词（副　詞）

CD 5

1 **不** bù

・いいえ、…ない、…しない

他不是我的老师。 Tā bú shì wǒ de lǎoshī.

彼は私の先生ではない。

2 **都** dōu

・みんな、共に

你们都不去吗？ Nǐmen dōu bú qù ma?

あなたたちはみんな行かないの？

3 **很** hěn

・とても

今天很热。 Jīntiān hěn rè.

今日はとても暑い。

4 **没** méi

・…しなかった、…がない

昨天他没去学校。 Zuótiān tā méi qù xuéxiào.

きのう彼は学校に行かなかった。

我没有钱。 Wǒ méiyǒu qián.

私はお金がない。

5 **太** tài

・大変…

今天我太高兴了。 Jīntiān wǒ tài gāoxìng le.

今日私は大変うれしい。

・…すぎる

这儿太冷了。 Zhèr tài lěng le.

ここは寒すぎる。

6 **在*** zài

・…している

他在打电话。 Tā zài dǎ diànhuà.

彼は電話をしている。

＊「大綱」は“在”は前置詞しかないが、本書は副詞、動詞を追加した。

代　词（代名詞）

CD
6

1 **多少**
duōshao

・いくら、いくつ
这个多少钱?　Zhèige duōshao qián?
これはいくらですか。

2 **几**
jǐ

・いくつ、何～
你有几个?　Nǐ yǒu jǐ ge?
あなたはいくつ持っていますか。

今天星期几?　Jīntiān xīngqī jǐ?
今日は何曜日ですか。

3 **哪**[*1]
nǎ (něi)

・どれ、どの
你买哪个?　Nǐ mǎi něige?
あなたはどれを買いますか。

4 **哪儿**[*2]
nǎr

・どこ
你去哪儿?　Nǐ qù nǎr?
あなたはどこに行きますか。

5 **那**[*3]
nà (nèi)

・あれ、それ、あの、その
你吃这个，我吃那个。　Nǐ chī zhèige, wǒ chī nèige.
あなたはこれを食べて、私はそれを食べる。

6 **那儿**[*4]
nàr

・そこ、あそこ
我不想去那儿。　Wǒ bù xiǎng qù nàr.
私はあそこに行きたくない。

7 **你**
nǐ

・あなた
你买不买电脑?　Nǐ mǎi bu mǎi diànnǎo?
あなたはパソコンを買いますか。

8 **谁**
shéi (shuí)

・誰
他是谁?　Tā shì shéi?
彼は誰ですか。

9 **什么**
shénme

・何、どんな
你吃什么?　Nǐ chī shénme?
あなたは何を食べますか。

10 **他**
tā

・彼
他是我的朋友。　Tā shì wǒ de péngyou.
彼は私の友達だ。

11 **她**
tā

・彼女
她是王老师的女儿。　Tā shì Wáng lǎoshī de nǚ'ér.
彼女は王先生のお嬢さんだ。

12 **我**
wǒ

・私
我是大学生。　Wǒ shì dàxuéshēng.
私は大学生だ。

13 **我们**
wǒmen

・私たち
我们都是日本人。　Wǒmen dōu shì Rìběnrén.
私たちはみな日本人だ。

14 **怎么**
zěnme

・どのように
这个菜怎么做?　Zhèige cài zěnme zuò?
この料理はどう作るのですか。

・なぜ
昨天你怎么没来?　Zuótiān nǐ zěnme méi lái?
きのうあなたはなぜ来なかったのですか。

15 **怎么样**
zěnmeyàng

・どうですか
那个电影怎么样?　Nèige diànyǐng zěnmeyàng?
その映画はどうですか。

16 **这** *5
zhè (zhèi)

・これ、この
这个不是他的。　Zhèige bú shì tā de.
これは彼のではありません。

17 **这儿** *6
zhèr

・ここ
这儿不能打电话。　Zhèr bù néng dǎ diànhuà.
ここは電話をかけられない。

＊1、2、3、4、5、6 「大綱」は“这”と“这儿”、“那”と“那儿”、“哪”と“哪儿”が一緒になって 14 個だが、意味が違うので、本書では分けるべきものと考え、合計 17 個にした。

助动词（助動詞）

D
7

1 **会***
huì

・…できる
你会说汉语吗？　Nǐ huì shuō Hànyǔ ma?
あなたは中国語を話せますか。

2 **能***
néng

・…できる
这儿能打电话吗？　Zhèr néng dǎ diànhuà ma?
ここは電話をかけられますか。

3 **想***
xiǎng

・…したい
今天她不想做菜。　Jīntiān tā bù xiǎng zuò cài.
今日彼女は料理を作りたくない。

＊「大綱」では助動詞の項目はないが、本書は初級者のために“会”“能”“想”を助動詞に分類する。

助　词（助　詞）

CD 8

1 的 de
・…の
你的衣服很漂亮。 Nǐ de yīfu hěn piàoliang.
あなたの服はきれいだ。

2 了 le
・…した、…になった
他们来了吗？ Tāmen lái le ma?
彼らは来ましたか。

3 吗 ma
・…か
明天他来学校吗？ Míngtiān tā lái xuéxiào ma?
明日彼は学校に来ますか。

4 呢 ne
・…は？
他是日本人，你呢？ Tā shì Rìběnrén, nǐ ne?
彼は日本人ですが、あなたは？

数　词（数　詞）

CD 9

1 八
bā

・8
我昨天买了八本书。 Wǒ zuótiān mǎile bā běn shū.
私はきのう本を８冊買った。

2 二
èr

・2
他今年二十岁。 Tā jīnnián èrshí suì.
彼は今年 20 歳です。

3 九
jiǔ

・9
九点了。 Jiǔ diǎn le.
９時になった。

4 零
líng

・0、零
“零”这个字你会写吗？ “Líng” zhèige zì nǐ huì xiě ma?
「零」という字をあなたは書けますか。

5 六
liù

・6
现在六点零五分。 Xiànzài liù diǎn líng wǔ fēn.
今６時５分です。

6 七
qī

・7
七月了。 Qī yuè le.
７月になった。

7 三
sān

・3
你下午三点来。 Nǐ xiàwǔ sān diǎn lái.
あなたは午後３時に来てください。

8 十
shí

・10
他儿子今年十岁了。 Tā érzi jīnnián shí suì le.
彼の息子さんは今年 10 歳になった。

9 四
sì

・4
他有四个女儿。 Tā yǒu sì ge nǚ'ér.
彼は娘が４人いる。

10 五
wǔ

・5
我买五个，你呢？ Wǒ mǎi wǔ ge, nǐ ne?
私は５つ買います、あなたは？

11 一
yī

・1
昨天我看了一个电影。 Zuótiān wǒ kànle yí ge diànyǐng.
きのう私は映画を１本見た。

量　词（量　詞）

CD 10

1	本 bĕn	・…冊 他买了三本书。 Tā mǎile sān běn shū. 彼は本を３冊買った。
2	个 ge	・物や人の量詞 他有三个儿子。 Tā yǒu sān ge érzi. 彼は息子が３人いる。
3	块 kuài	・元 这本书三十块钱。 Zhèi běn shū sānshí kuài qián. この本は 30 元だ。 ・かたまりのもの 这个苹果你吃一块。 Zhèige píngguǒ nǐ chī yí kuài. このリンゴを一切れ食べて。
4	岁 suì	・…歳 我十八岁了。 Wǒ shíbā suì le. 私は 18 歳になった。
5	些 xiē	・いくらか 这些东西是她的吗？ Zhèixiē dōngxi shì tā de ma? これらの物は彼女のですか。
6	分钟* fēnzhōng	・…分間 他昨天学习了三十分钟。 Tā zuótiān xuéxíle sānshí fēnzhōng. 彼は昨日 30 分間勉強した。

＊「大綱」では“分钟”は名詞だが、本書では量詞と考える。

介　词（前置詞）

CD 11

1 在
zài

・…で
他在北京工作。 Tā zài Běijīng gōngzuò.
彼は北京で働いている。

连　词（接続詞）

CD 12

1 和
hé

・…と
我和他都是大学生。 Wǒ hé tā dōu shì dàxuéshēng.
私と彼は共に大学生です。

叹　词（感嘆詞）

CD
13

1 喂
wéi (wèi)

・もしもし

喂，您好！请问李明先生在吗?
Wéi, nín hǎo! Qǐngwèn Lǐ Míng xiānsheng zài ma?
もしもし、こんにちは。李明さんはいますか。

・人に呼びかける「ねえ、ちょっと」

喂，你不要站在那儿。 Wèi, nǐ bú yào zhàn zài nàr.
ちょっと、そこに立たないで。

2級

名　词（名　詞）

CD
14

1 **报纸**
bàozhǐ

・**新聞**
今天的报纸你看了吗？　Jīntiān de bàozhǐ nǐ kàn le ma?
今日の新聞をあなたは見ましたか。

2 **船**
chuán

・**船**
他坐船去哪儿？　Tā zuò chuán qù nǎr?
彼は船でどこに行くのですか。

3 **弟弟**
dìdi

・**弟**
我弟弟也是大学生。　Wǒ dìdi yě shì dàxuéshēng.
私の弟も大学生だ。

4 **房间**
fángjiān

・**部屋**
你的房间是 123 号。　Nǐ de fángjiān shì yāo èr sān hào.
あなたの部屋は 123 号室です。

5 **服务员**
fúwùyuán

・**（サービス業界の）店員**
这儿的服务员非常好。　Zhèr de fúwùyuán fēicháng hǎo.
ここの店員は非常にいい。

6 **哥哥**
gēge

・**兄**
你哥哥能帮助我们吗？　Nǐ gēge néng bāngzhù wǒmen ma?
あなたのお兄さんは私たちを手伝ってくれますか。

7 **公共汽车**
gōnggòng qìchē

・**バス**
我们坐公共汽车去吧。　Wǒmen zuò gōnggòng qìchē qù ba.
私たちはバスで行きましょう。

8 **公司**
gōngsī

・**会社**
你们公司离你家远吗？　Nǐmen gōngsī lí nǐ jiā yuǎn ma?
あなたの会社はあなたの家から遠いですか。

9 **孩子**
háizi

・**子供**
李先生有几个孩子?　Lǐ xiānsheng yǒu jǐ ge háizi?
李さんはお子さんが何人いますか。

10 **号**
hào

・**番号**
你的房间几号?　Nǐ de fángjiān jǐ hào?
あなたの部屋は何号室ですか。

・**日にち**
今天几月几号?　Jīntiān jǐ yuè jǐ hào?
今日は何月何日ですか。

11 **机场**
jīchǎng

・**空港**
这个机场很大。　Zhèige jīchǎng hěn dà.
この空港はとても大きい。

12 **鸡蛋**
jīdàn

・**卵**
我每天吃两个鸡蛋。　Wǒ měitiān chī liǎng ge jīdàn.
私は毎日卵を２つ食べる。

13 **教室**
jiàoshì

・**教室**
他在教室里等你。　Tā zài jiàoshì li děng nǐ.
彼は教室であなたを待っています。

14 **姐姐**
jiějie

・**姉**
他姐姐的汉语怎么样?　Tā jiějie de Hànyǔ zěnmeyàng?
彼のお姉さんの中国語はどうですか。

15 **咖啡**
kāfēi

・**コーヒー**
你爱喝咖啡吗?　Nǐ ài hē kāfēi ma?
あなたはコーヒーが好きですか。

16 **考试**
kǎoshì

・**試験**
你明天有考试吗?　Nǐ míngtiān yǒu kǎoshì ma?
あなたは明日試験がありますか。

17 **课**
kè

・**授業**
王老师的汉语课怎么样?　Wáng lǎoshī de Hànyǔ kè zěnmeyàng?
王先生の中国語の授業はどうですか。

18 **路**
lù

・**道**
去火车站路上，车很多。 Qù huǒchēzhàn lùshang, chē hěn duō.
駅へ行く道路は車がとても多い。

19 **妹妹**
mèimei

・**妹**
她妹妹和我弟弟是同学。 Tā mèimei hé wǒ dìdi shì tóngxué.
彼女の妹と私の弟は同級生です。

20 **门**
mén

・**ドア**
开门，开门，快开门。 Kāi mén, kāi mén, kuài kāi mén.
ドアを開けて、ドアを開けて、早くドアを開けて。

21 **男人**
nánrén

・**男性**
那个男人是谁？ Nèige nánrén shì shéi?
あの男性は誰ですか。

22 **牛奶**
niúnǎi

・**牛乳**
他每天早上都喝牛奶。 Tā měitiān zǎoshang dōu hē niúnǎi.
彼は毎朝牛乳を飲む。

23 **女人**
nǚrén

・**女性**
你认识那个女人吗？ Nǐ rènshi nèige nǚrén ma ?
あなたはあの女性を知っていますか。

24 **旁边**
pángbiān

・**そば**
你坐我旁边，什么都别说。 Nǐ zuò wǒ pángbiān, shénme dōu bié shuō. あなたは私のとなりに座って、何も言わないで。

25 **票**
piào

・**切符、券**
我去买票，你在这儿等。 Wǒ qù mǎi piào, nǐ zài zhèr děng.
私は切符を買いに行くから、あなたはここで待ってて。

26 **妻子**
qīzi

・**妻**
李先生的妻子在哪儿工作？ Lǐ xiānsheng de qīzi zài nǎr gōngzuò?
李さんの奥さんはどこで働いているのですか。

27 **去年**
qùnián

・**昨年**
他去年没去旅游。 Tā qùnián méi qù lǚyóu.
彼は昨年旅行に行かなかった。

28 **身体**
shēntǐ

・身体
他身体很好，你呢？　Tā shēntǐ hěn hǎo, nǐ ne?
彼はとても元気ですが、あなたは？

29 **生日**
shēngrì

・誕生日
你的生日是几月几日？　Nǐ de shēngrì shì jǐ yuè jǐ rì?
あなたの誕生日は何月何日ですか。

30 **时间**
shíjiān

・時間
你有时间学习汉语吗？　Nǐ yǒu shíjiān xuéxí Hànyǔ ma?
あなたは中国語を勉強する時間がありますか。

31 **事情**
shìqing

・事
今天事情太多了。　Jīntiān shìqing tài duō le.
今日はいろいろな事がありすぎる。

・用事
明天我有事情，不能去。　Míngtiān wǒ yǒu shìqing, bù néng qù.
明日私は用事があるので行けない。

32 **手表**
shǒubiǎo

・腕時計
你的手表真漂亮。　Nǐ de shǒubiǎo zhēn piàoliang.
あなたの腕時計は本当にきれいだ。

33 **手机**
shǒujī

・携帯電話
这个手机怎么样？　Zhèige shǒujī zěnmeyàng ?
この携帯電話はどうですか。

34 **题**
tí

・問題
这个题很难，你问他吧。　Zhèige tí hěn nán, nǐ wèn tā ba.
この問題はとても難しいから、彼に尋ねてください。

35 **外**
wài

・外
他在外边等你。　Tā zài wàibiān děng nǐ.
彼は外であなたを待っています。

36 **晚上**
wǎnshang

・夜
今天晚上我给你打手机。　Jīntiān wǎnshang wǒ gěi nǐ dǎ shǒujī.
今晩あなたに携帯電話をかけます。

37 问题
wèntí

・問題、質問
我回答你的问题吧。 Wǒ huídá nǐ de wèntí ba.
あなたの質問に答えましょう。

---

38 西瓜
xīguā

・スイカ
这个西瓜多少钱？ Zhèige xīguā duōshao qián?
このスイカはいくらですか。

---

39 希望[*1]
xīwàng

・希望
你这个希望一定能实现。 Nǐ zhèige xīwàng yídìng néng shíxiàn.
あなたのこの希望はきっと実現する。

---

40 小时
xiǎoshí

・…時間
我每天学习两个小时。 Wǒ měitiān xuéxí liǎng ge xiǎoshí.
私は毎日２時間勉強する。

---

41 姓[*2]
xìng

・姓
中国人的姓大多是一个字。 Zhōngguórén de xìng dàduō shì yí ge zì. 中国人の姓はほとんど一文字だ。

---

42 雪
xuě

・雪
明天可能下雪。 Míngtiān kěnéng xià xuě.
明日は雪が降るかもしれない。

---

43 颜色
yánsè

・色
你喜欢什么颜色？ Nǐ xǐhuan shénme yánsè?
あなたは何色が好きですか。

---

44 眼睛
yǎnjing

・目
她的眼睛很漂亮。 Tā de yǎnjing hěn piàoliang.
彼女は目がきれいだ。

---

45 羊肉
yángròu

・羊の肉
你喜欢吃羊肉吗？ Nǐ xǐhuan chī yángròu ma?
あなたは羊の肉が好きですか。

---

46 药
yào

・薬
这个药对身体不好，你别吃。 Zhèige yào duì shēntǐ bù hǎo, nǐ bié chī. この薬は体によくないから飲まないで。

47 **意思** yìsi	・**意味** 我不懂你说的意思。 Wǒ bù dǒng nǐ shuō de yìsi. 私はあなたの言っている意味がわかりません。
48 **右边** yòubiān	・**右側** 你坐我右边。 Nǐ zuò wǒ yòubiān. あなたは私の右に座って。
49 **鱼** yú	・**魚** 你爱吃鱼吗？ Nǐ ài chī yú ma? あなたは魚が好きですか。
50 **运动**[*3] yùndòng	・**スポーツ** 你喜欢什么运动？ Nǐ xǐhuan shénme yùndòng? あなたはどんなスポーツが好きですか。
51 **早上** zǎoshang	・**朝** 他每天早上都做运动。 Tā měitiān zǎoshang dōu zuò yùndòng. 彼は毎朝運動をする。
52 **丈夫** zhàngfu	・**夫** 她和她丈夫是大学的同学。 Tā hé tā zhàngfu shì dàxué de tóngxué. 彼女とご主人は大学の同級生だ。
53 **自行车** zìxíngchē	・**自転車** 这是我爸爸送我的自行车。 Zhè shì wǒ bàba sòng wǒ de zìxíngchē. これは父が私にプレゼントしてくれた自転車です。
54 **左边** zuǒbiān	・**左側** 你坐我右边，他坐我左边。 Nǐ zuò wǒ yòubiān, tā zuò wǒ zuǒbiān. あなたは私の右に座って。彼が私の左に座ります。

＊1、2、3 「大綱」では“希望”、“姓”、“运动”は動詞だけだが、本書は名詞も入れる。

动　词（動　詞）

CD 15

1 **帮助**
bāngzhù
・手伝う
你帮助你妈妈吗？　Nǐ bāngzhù nǐ māma ma?
あなたはお母さんのお手伝いをしますか。

2 **唱歌**[*1]
chàng gē
・歌を歌う
她很喜欢唱歌。　Tā hěn xǐhuan chàng gē.
彼女は歌を歌うのが大好きだ。

3 **出**
chū
・出る
我们出去吧。　Wǒmen chūqu ba.
私たちは出ましょう。

4 **穿**
chuān
・着る
你穿这件衣服很好看。　Nǐ chuān zhèi jiàn yīfu hěn hǎokàn.
あなたはこの服を着るととてもきれいだ。

5 **打篮球**[*2]
dǎ lánqiú
・バスケットボールをする
他很喜欢打篮球。　Tā hěn xǐhuan dǎ lánqiú.
彼はバスケットボールをするのがとても好きだ。

6 **到**
dào
・着く
你到了北京，请给我打电话。　Nǐ dàole Běijīng, qǐng gěi wǒ dǎ diànhuà. 北京に着いたら私に電話をください。

7 **等**
děng
・待つ
你在这儿等我。　Nǐ zài zhèr děng wǒ.
あなたはここで私を待ってください。

8 **懂**
dǒng
・わかる
他说的话你懂了吗？　Tā shuō de huà nǐ dǒng le ma?
彼の話があなたはわかりましたか。

9 **告诉**
gàosu

・伝える
请你告诉他我明天不来。 Qǐng nǐ gàosu tā wǒ míngtiān bù lái.
彼に明日私は来ないと伝えてください。

10 **给**
gěi

・あげる、くれる
这个东西是我朋友给我的。 Zhèige dōngxi shì wǒ péngyou gěi wǒ de. この品物は友達が私にくれたものだ。

11 **欢迎**
huānyíng

・歓迎する
欢迎你来我家坐。 Huānyíng nǐ lái wǒ jiā zuò.
どうぞ家においでください。

12 **回答**
huídá

・答える
你怎么回答他的问题？ Nǐ zěnme huídá tā de wèntí?
あなたはどのように彼の質問に答えるの？

13 **介绍**
jièshào

・紹介する
我给你介绍吧。 Wǒ gěi nǐ jièshào ba.
あなたに紹介しましょう。

14 **进**
jìn

・入る
我们一起进去吧。 Wǒmen yìqǐ jìnqu ba.
私たちは一緒に入りましょう。

15 **觉得**
juéde

・思う
你觉得今天天气怎么样？ Nǐ juéde jīntiān tiānqì zěnmeyàng?
あなたは今日の天気をどう思いますか。

16 **开始**
kāishǐ

・始まる、開始する
你什么时候开始学习汉语的？ Nǐ shénme shíhou kāishǐ xuéxí Hànyǔ de? あなたはいつ中国語の勉強を始めたのですか。

17 **旅游**
lǚyóu

・旅行する
他很喜欢去旅游。 Tā hěn xǐhuan qù lǚyóu.
彼は旅行がとても好きだ。

18 **卖**
mài

・売る
他卖什么东西？ Tā mài shénme dōngxi?
彼は何を売っているのですか。

19 **跑步**
pǎobù

・ジョギングする
他天天在那儿跑步。 Tā tiāntiān zài nàr pǎobù.
彼は毎日あそこでジョギングする。

20 **起床**
qǐchuáng

・起きる、起床する
他六点就起床了。 Tā liù diǎn jiù qǐchuáng le.
彼は6時にもう起きた。

21 **让**
ràng

・譲る
你是哥哥，让你弟弟吧。 Nǐ shì gēge, ràng nǐ dìdi ba.
あなたはお兄さんだから、弟に譲りなさい。

22 **上班**
shàngbān

・出勤する
你每天几点上班？ Nǐ měitiān jǐ diǎn shàngbān?
あなたは毎日何時に出勤しますか。

23 **生病**
shēngbìng

・病気になる
李明生病了。 Lǐ Míng shēngbìng le.
李明は病気になった。

24 **送**
sòng

・プレゼントする
你的生日他送你什么？ Nǐ de shēngrì tā sòng nǐ shénme?
誕生日に彼はあなたに何をプレゼントしてくれましたか。

25 **踢足球**[*3]
tī zúqiú

・サッカーをする
我弟弟很喜欢踢足球。 Wǒ dìdi hěn xǐhuan tī zúqiú.
私の弟はサッカーするのが大好きだ。

26 **跳舞**
tiàowǔ

・ダンスをする
别吃了，我们跳舞吧。 Bié chī le, wǒmen tiàowǔ ba.
もう食べないで、私たちは踊りましょう。

27 **完**
wán

・終わる
这本书我们学完了。 Zhèi běn shū wǒmen xuéwán le.
この本は私たちは勉強し終わった。

28 **玩**
wán

・遊ぶ
我们一起去那儿玩吧。 Wǒmen yìqǐ qù nàr wán ba.
私たちは一緒にあそこに遊びに行きましょう。

29 问
wèn

・質問をする
你问我，我问谁？　Nǐ wèn wǒ, wǒ wèn shéi?
あなたが私に尋ねるなら、私は誰に尋ねればいいの？

30 希望
xīwàng

・希望する、…してほしい
我希望你每天都快乐。　Wǒ xīwàng nǐ měitiān dōu kuàilè.
私はあなたが毎日楽しいことを望んでいます。

31 洗
xǐ

・洗う
洗了手再吃吧。　Xǐle shǒu zài chī ba.
手を洗ってから食べなさい。

32 笑
xiào

・笑う
你笑什么？　Nǐ xiào shénme?
あなたは何を笑っているの？

33 姓
xìng

・…という名字である
我姓王，你呢？　Wǒ xìng Wáng, nǐ ne?
私は王といいますが、あなたは？

34 休息
xiūxi

・休む
我们在这儿休息休息吧。　Wǒmen zài zhèr xiūxi xiūxi ba.
私たちはここでちょっと休みましょう。

35 要
yào

・要る
这个东西我不要了，给你。　Zhèige dōngxi wǒ bú yào le, gěi nǐ.
この物は私は要らなくなったから、あなたにあげる。

36 游泳
yóuyǒng

・泳ぐ
每个星期天我都去游泳。　Měi ge xīngqītiān wǒ dōu qù yóuyǒng.
毎週日曜日私は泳ぎに行く。

37 运动
yùndòng

・運動する
我们去运动运动吧。　Wǒmen qù yùndòng yùndong ba.
ちょっと運動しに行きましょう。

38 **找**
zhǎo

・探す
你找什么？ Nǐ zhǎo shénme?
あなたは何を探しているの？

・訪ねる
你明天来找我吧。 Nǐ míngtiān lái zhǎo wǒ ba.
あなたは明日訪ねて来てください。

39 **知道**
zhīdào

・知っている
你知道她的名字吗？ Nǐ zhīdào tā de míngzi ma?
あなたは彼女の名前を知っていますか。

40 **准备**
zhǔnbèi

・準備する
明天的考试，你准备得怎么样？ Míngtiān de kǎoshì, nǐ zhǔnbèi de zěnmeyàng? あなたは明日の試験の準備はどうですか。

41 **走**
zǒu

・歩く
我们走着去吧。 Wǒmen zǒuzhe qù ba.
私たちは歩いて行きましょう。

・行く
走吧走吧，别说了。 Zǒu ba zǒu ba, bié shuō le.
行こう行こう、もう話さないで。

＊1、2、3 “唱歌”、“打篮球”、“踢足球” は動詞＋目的語の構造だが、「大綱」は動詞としているので、本書はそれに従う。

形容词（形容詞）

CD 16

1 白
bái

・白い
他不喜欢吃白鸡蛋。 Tā bù xǐhuan chī bái jīdàn.
彼は白い卵が好きではない。

2 长
cháng

・長い
那个电影太长了。 Nèige diànyǐng tài cháng le.
あの映画は長すぎる。

3 错
cuò

・間違っている
你的回答错了。 Nǐ de huídá cuò le.
あなたの答えは間違っている。

4 高
gāo

・高い
你比他高。 Nǐ bǐ tā gāo.
あなたは彼より背が高い。

5 贵
guì

・（値段が）高い
这块手表太贵了。 Zhèi kuài shǒubiǎo tài guì le.
この腕時計は高すぎる。

6 好吃
hǎochī

・（食べ物が）おいしい
这个苹果很好吃。 Zhèige píngguǒ hěn hǎochī.
このリンゴはおいしい。

7 黑
hēi

・黒い
我不喜欢黑的衣服。 Wǒ bù xǐhuan hēi de yīfu.
私は黒い服が好きではない。

8 红
hóng

・赤い
她的眼睛红了。 Tā de yǎnjing hóng le.
彼女の目が赤くなった。

9 **近**
jìn

・**近い**
车站离我家很近。 Chēzhàn lí wǒ jiā hěn jìn.
駅は私の家からとても近い。

10 **快**
kuài

・**速い**
你说得太快了。 Nǐ shuō de tài kuài le.
あなたは話すのが速すぎる。

11 **快乐**
kuàilè

・**うれしい**
我今天真的很快乐。 Wǒ jīntiān zhēn de hěn kuàilè.
私は今日本当にうれしい。

12 **累**
lèi

・**疲れている**
你累了吗？ Nǐ lèi le ma?
あなたは疲れましたか。

13 **慢**
màn

・**ゆっくりである、おそい**
他走得很慢。 Tā zǒu de hěn màn.
彼は歩くのがとてもおそい。

14 **忙**
máng

・**忙しい**
明天你忙不忙？ Míngtiān nǐ máng bu máng?
明日あなたは忙しいですか。

15 **便宜**
piányi

・**安い**
这个电脑不便宜。 Zhèige diànnǎo bù piányi.
このパソコンは安くない。

16 **晴**
qíng

・**晴れている**
今天天晴，太好了。 Jīntiān tiān qíng, tài hǎo le.
今日は晴れでよかった。

17 **新**
xīn

・**新しい**
这个手机是新的。 Zhèige shǒujī shì xīn de.
この携帯電話は新しいものだ。

18 **阴**
yīn

・**曇りの**
明天天气阴转雨。 Míngtiān tiānqì yīn zhuǎn yǔ.
明日の天気は曇りのち雨です。

19 **远**
yuǎn

・**遠い**
我家离机场很远。 Wǒ jiā lí jīchǎng hěn yuǎn.
私の家は空港から遠い。

副　词（副　詞）

CD 17

1 别
bié

・…しないで
你别再说了。　Nǐ bié zài shuō le.
もう言わないで。

---

2 非常
fēicháng

・非常に
昨天我非常忙。　Zuótiān wǒ fēicháng máng.
きのう私は非常に忙しかった。

---

3 还
hái

・また、まだ
我爸爸还没起床。　Wǒ bàba hái méi qǐchuáng.
私の父はまだ起きていない。

---

4 就
jiù

・すぐに
我吃了饭就去。　Wǒ chīle fàn jiù qù.
私はご飯を食べたらすぐ行きます。

・もう
他五点就回家了。　Tā wǔ diǎn jiù huí jiā le.
彼は５時にもう家に帰った。

---

5 可能*
kěnéng

・…かもしれない
他可能明天不来。　Tā kěnéng míngtiān bù lái.
彼は明日来ないかもしれない。

---

6 也
yě

・…も
你也喜欢打篮球吗?　Nǐ yě xǐhuan dǎ lánqiú ma?
あなたもバスケットボールが好きですか。

---

7 已经
yǐjīng

・すでに
你已经是大学生了。　Nǐ yǐjīng shì dàxuéshēng le.
あなたはすでに大学生になった。

8 **一起**
yìqǐ

・一緒に
我们一起去喝咖啡吧。 Wǒmen yìqǐ qù hē kāfēi ba.
私たち一緒にコーヒーを飲みに行きましょう。

9 **再**
zài

・再び、また
明天你再来吧。 Míngtiān nǐ zài lái ba.
明日また来てください。

・…してから～する
你吃了饭再看电视吧。 Nǐ chīle fàn zài kàn diànshì ba.
あなたはご飯を食べてからテレビを見なさい。

10 **真**
zhēn

・本当に
今天真热！ Jīntiān zhēn rè!
今日は本当に暑い！

11 **正在**
zhèngzài

・ちょうど…
他们正在学习汉语。 Tāmen zhèngzài xuéxí Hànyǔ.
彼らはちょうど中国語を勉強しているところだ。

12 **最**
zuì

・最も
你最喜欢吃什么水果？ Nǐ zuì xǐhuan chī shénme shuǐguǒ?
あなたはどんな果物が一番好きですか。

＊「大綱」では"可能"は動詞だが、副詞としてよく使われるので、本書は副詞に分類する。

代　词（代名詞）

CD 18

1 **大家**
dàjiā

・**みんな**
大家一起走吧。 Dàjiā yìqǐ zǒu ba.
みんな一緒に行きましょう。

2 **每**
měi

・**毎、一つ一つ**
我每个星期天都去运动。 Wǒ měi ge xīngqītiān dōu qù yùndòng.
私は毎週日曜日スポーツをしに行きます。

3 **您**
nín

・**あなたの丁寧な言い方**
您再休息休息吧。 Nín zài xiūxi xiūxi ba.
あなたはもっと休んでください。

4 **它**
tā

・**それ、あれ**
我们家的狗很好，我们都很喜欢它。
Wǒmen jiā de gǒu hěn hǎo, wǒmen dōu hěn xǐhuan tā.
私たちの家の犬はとてもよくて、みんな大好きです。

5 **为什么**
wèishénme

・**どうして**
为什么你要学习汉语？ Wèishénme nǐ yào xuéxí Hànyǔ?
どうしてあなたは中国語を勉強したいのですか。

助动词（助動詞）

CD 19

1 **可以*** kěyǐ

・…できる

那儿可以游泳吗？ Nàr kěyǐ yóuyǒng ma?

あそこで泳いでもいいですか。

2 **要*** yào

・…するつもりだ、…する予定だ

明天上午我要去学校。 Míngtiān shàngwǔ wǒ yào qù xuéxiào.

明日の午前私は学校に行くつもりだ。

・…しなければならない

你要好好儿学习。 Nǐ yào hǎohāor xuéxí.

あなたはちゃんと勉強しなければならない。

3 **准备*** zhǔnbèi

・…するつもりだ

你准备怎么回答他？ Nǐ zhǔnbèi zěnme huídá tā?

どのように彼に答えるつもりですか。

＊「大綱」では“可以”は動詞だが、本書は助動詞に分類する。また、動詞の“要”と“准备”は助動詞にも入れる。

助　词（助　詞）

CD 20

1 吧
ba

・…しましょう
我们去喝茶吧。　Wǒmen qù hē chá ba.
私たちお茶を飲みに行きましょう。

・…しなさい、…してください
你们休息吧。　Nǐmen xiūxi ba.
あなた方は休んでください。

2 得
de

・…するのが～
他汉语说得很好。　Tā Hànyǔ shuō de hěn hǎo.
彼は中国語を話すのがとても上手だ。

3 过
guo

・…したことがある
他没吃过羊肉。　Tā méi chīguo yángròu.
彼は羊の肉を食べたことがない。

4 着
zhe

・…している／ある
你快回来，我等着你。　Nǐ kuài huílai, wǒ děngzhe nǐ.
早く帰ってきて。私はあなたを待っています。

数　词（数　詞）

CD 21

1 百
bǎi

・百
这些东西都是一百日元。 Zhèixiē dōngxi dōu shì yìbǎi Rìyuán.
これらの品物は全て 100 円です。

2 第一
dì yī

・第一
我觉得健康第一没错。 Wǒ juéde jiànkāng dì yī méi cuò.
私は健康が第一というのは間違っていないと思う。

3 两
liǎng

・２つ
我有两个哥哥。你呢？ Wǒ yǒu liǎng ge gēge. Nǐ ne?
私は兄が 2 人います、あなたは？

4 千
qiān

・千
这个电脑要四千五百块钱。 Zhèige diànnǎo yào sìqiān wǔbǎi kuài qián. このパソコンは 4500 元する。

量词（量詞）

CD 22

1 **次**
cì

・…回
我去了两次中国。 Wǒ qùle liǎng cì Zhōngguó.
私は中国に２回行った。

2 **公斤**
gōngjīn

・キログラム
这个羊肉多少钱一公斤？ Zhèige yángròu duōshao qián yì gōngjīn?
この羊の肉は１キロいくらですか。

3 **件**
jiàn

・服の量詞
这件衣服很贵。 Zhèi jiàn yīfu hěn guì.
この服はとても高い。

・事の量詞
那件事，你别告诉他。 Nèi jiàn shì, nǐ bié gàosu tā.
あのことを彼に伝えないで。

4 **元**
yuán

・元
这件衣服要三百元。 Zhèi jiàn yīfu yào sānbǎi yuán.
この服は300元する。

5 **张**
zhāng

・机の量詞
我的房间里有一张大桌子。 Wǒ de fángjiān li yǒu yì zhāng dà zhuōzi. 私の部屋には大きなテーブルがある。

・紙の量詞
请给我一张纸，好吗？ Qǐng gěi wǒ yì zhāng zhǐ, hǎo ma?
私に紙を１枚くれませんか？

介 词（前置詞）

CD 23

1 比
bǐ

・…より
这个比那个贵。 Zhèige bǐ nèige guì.
これはそれより高い。

2 从
cóng

・…から
从我家到大学坐公共汽车要三十分钟。
Cóng wǒ jiā dào dàxué zuò gōnggòng qìchē yào sānshí fēnzhōng.
私の家から大学までバスで 30 分かかります。

3 到
dào

・…へ、…に
我们到那儿去休息吧。 Wǒmen dào nàr qù xiūxi ba.
私たちはあそこに休みに行こう。

4 对
duì

・…に
李老师对你们怎么样？ Lǐ lǎoshī duì nǐmen zěnmeyàng?
李先生はあなたたちに対してどうですか。

5 给
gěi

・…に
你给他打电话吧。 Nǐ gěi tā dǎ diànhuà ba.
彼に電話をかけたら？

6 离
lí

・…から
这儿离机场远吗？ Zhèr lí jīchǎng yuǎn ma?
ここは空港から遠いですか。

7 让
ràng

・…させる
这个问题让我想想。 Zhèige wèntí ràng wǒ xiǎngxiang.
この問題は考えさせてください。

8 向
xiàng

・…に
你应该向他说谢谢。 Nǐ yīnggāi xiàng tā shuō xièxie.
あなたは彼にありがとうと言うべきだ。

连　词（接続詞）

CD 24

1 **但是** dànshì

・しかし

这个电脑很好，但是很贵。 Zhèige diànnǎo hěn hǎo, dànshì hěn guì. このパソコンはとてもよいが、とても高い。

2 **所以** suǒyǐ

・だから

他没时间，所以不能帮助你。

Tā méi shíjiān, suǒyǐ bù néng bāngzhù nǐ.

彼は時間がないので、あなたを手伝うことができません。

3 **因为** yīnwèi

・なぜならば

因为我没钱，所以我不去中国。 Yīnwèi wǒ méi qián, suǒyǐ wǒ bú qù Zhōngguó. 私はお金がないので、中国に行きません。

3級

名　词（名　詞）

CD 25

1 **阿姨**
āyí

・中年の婦人に対する愛称
阿姨，您好，请问这儿附近有超市吗？ Āyí, nín hǎo, qǐng wèn zhèr fùjìn yǒu chāoshì ma? こんにちは、ちょっとお尋ねしますが、この辺にスーパーはありますか。

・お手伝いさん
他家的阿姨是从四川来的。 Tā jiā de āyí shì cóng Sìchuān lái de.
彼の家のお手伝いさんは四川省から来たのです。

2 **爱好**
àihào

・趣味
我的爱好是打篮球。 Wǒ de àihào shì dǎ lánqiú.
私の趣味はバスケットボールをすることです。

3 **班**
bān

・クラス
你们班有多少个女同学？ Nǐmen bān yǒu duōshao ge nǚtóngxué?
あなたのクラスには女子学生が何人いますか。

4 **办法**
bànfǎ

・方法
这是一个好办法，你试试。 Zhè shì yí ge hǎo bànfǎ, nǐ shìshi.
これはいい方法の１つだから、試してみて。

5 **办公室**
bàngōngshì

・事務室
李先生在办公室等你。 Lǐ xiānsheng zài bàngōngshì děng nǐ.
李さんが事務室であなたを待っています。

6 **包**
bāo

・カバン、包み
这个包别放在桌子上。 Zhèige bāo bié fàngzài zhuōzi shang.
このカバンを机の上に置かないで。

7 **北方**
běifāng

・北方
中国北方冬天非常冷。 Zhōngguó běifāng dōngtiān fēicháng lěng.
中国の北方は、冬は非常に寒い。

8 **鼻子**
bízi

・鼻
我的鼻子很疼。 Wǒ de bízi hěn téng.
私は鼻がとても痛い。

9 **比赛**
bǐsài

・試合
明天有足球比赛，你去看吗？ Míngtiān yǒu zúqiú bǐsài, nǐ qù kàn ma? 明日サッカーの試合があるけど、あなたは見に行く？

10 **变化***1
biànhuà

・変化
上海这几年的变化很大。 Shànghǎi zhè jǐ nián de biànhuà hěn dà.
上海はここ何年か変化が大きい。

11 **别人**
biéren

・他人
他老爱批评别人。 Tā lǎo ài pīpíng biéren.
彼はいつも人の批判ばかりする。

12 **宾馆**
bīnguǎn

・ホテル
他们住在哪家宾馆？ Tāmen zhùzài něi jiā bīnguǎn?
彼らはどのホテルに泊まっているのですか。

13 **冰箱**
bīngxiāng

・冷蔵庫
你们宿舍里有冰箱吗？ Nǐmen sùshè li yǒu bīngxiāng ma?
あなたたちの寮には冷蔵庫がありますか。

14 **菜单**
càidān

・メニュー
你点菜吧，这是菜单。 Nǐ diǎn cài ba, zhè shì càidān.
あなたが注文してください、これがメニューです

15 **草**
cǎo

・草
这儿的草长得很高了。 Zhèr de cǎo zhǎng de hěn gāo le.
ここの草はずいぶん伸びた。

16 **超市**
chāoshì

・スーパー
那家超市的东西比较便宜。 Nèi jiā chāoshì de dōngxi bǐjiào piányi.
あのスーパーの品物はわりと安い。

17 **衬衫**
chènshān

・ワイシャツ
昨天我买了两件衬衫。 Zuótiān wǒ mǎile liǎng jiàn chènshān.
きのう私はワイシャツを２枚買った。

18 **成绩**
chéngjì

・**成績**
他这次考试成绩怎么样？ Tā zhèi cì kǎoshì chéngjì zěnmeyàng?
彼の今回の試験の成績はどうですか。

19 **城市**
chéngshì

・**町**
上海是中国第二大城市吗？ Shànghǎi shì Zhōngguó dì èr dà chéngshì ma? 上海は中国第２の大都市ですか。

20 **厨房**
chúfáng

・**台所**
我妈在厨房给我们准备晚饭呢。
Wǒ mā zài chúfáng gěi wǒmen zhǔnbèi wǎnfàn ne.
母は台所で私たちに晩ごはんの用意をしてくれている。

21 **春**[*2]
chūn

・**春**
春天来了，天气暖和了。 Chūntiān lái le, tiānqì nuǎnhuo le.
春が来て、暖かくなった。

22 **词语**
cíyǔ

・**語、単語**
学外语应该多记词语。 Xué wàiyǔ yīnggāi duō jì cíyǔ.
外国語を学ぶには、単語をたくさん覚えなければならない。

23 **蛋糕**
dàngāo

・**ケーキ**
我没吃过这种蛋糕。 Wǒ méi chīguo zhèi zhǒng dàngāo.
この種類のケーキは私は食べたことがない。

24 **灯**
dēng

・**電灯**
他不喜欢关灯睡觉。 Tā bù xǐhuan guān dēng shuìjiào.
彼は電気を消して寝るのが好きではない。

25 **地方**
dìfang

・**場所**
我们找个地方休息休息吧。 Wǒmen zhǎo ge dìfang xiūxi xiūxi ba.
私たちは場所を探してちょっと休みましょう。

26 **地铁**
dìtiě

・**地下鉄**
他每天都坐地铁去上班。 Tā měitiān dōu zuò dìtiě qù shàngbān.
彼は毎日地下鉄で出勤する。

27 **地图**
dìtú

・**地図**
他房间里有一张中国地图。 Tā fángjiān li yǒu yì zhāng Zhōngguó dìtú. 彼の部屋に中国地図が１枚ある。

28 **电梯**
diàntī

・**エレベーター**
我们坐电梯上去吧。 Wǒmen zuò diàntī shàngqu ba.
私たちはエレベーターで上がりましょう。

---

29 **电子邮件**
diànzǐ
yóujiàn

・**パソコンのメール**
这是他给你的电子邮件。 Zhè shì tā gěi nǐ de diànzǐ yóujiàn.
これは彼からあなたへのメールです。

---

30 **冬**[*3]
dōng

・**冬**
那个地方冬天很冷。 Nèige dìfang dōngtiān hěn lěng.
あそこは冬とても寒い。

---

31 **动物**
dòngwù

・**動物**
你喜欢动物吗? Nǐ xǐhuan dòngwù ma?
あなたは動物が好きですか。

---

32 **耳朵**
ěrduo

・**耳**
他的耳朵很长。 Tā de ěrduo hěn cháng.
彼は耳が長い。

---

33 **分**
fēn

・**点、分**
这次考试他拿了一百分。 Zhèi cì kǎoshì tā nále yìbǎi fēn.
今回の試験で彼は 100 点を取った。

---

34 **附近**
fùjìn

・**近所**
我家附近有一家很大的超市。 Wǒ jiā fùjìn yǒu yì jiā hěn dà de chāoshì. 我が家の近くに大きいスーパーがある。

---

35 **刚才**
gāngcái

・**先ほど**
刚才你跟他说什么了? Gāngcái nǐ gēn tā shuō shénme le?
さっきあなたは彼に何を言ったの?

---

36 **公园**
gōngyuán

・**公園**
这个公园特别漂亮。 Zhèige gōngyuán tèbié piàoliang.
この公園は特別美しい。

---

37 **故事**
gùshi

・**物語**
这个故事我听过。 Zhèige gùshi wǒ tīngguo.
この物語は私は聞いたことがある。

38 **关系** guānxi

・**関係**

你跟那个人是什么关系？ Nǐ gēn nèige rén shì shénme guānxi?

あなたはあの人とどんな関係ですか。

39 **国家** guójiā

・**国**

他们是从哪个国家来的？ Tāmen shì cóng něige guójiā lái de?

彼らはどこの国から来たのですか。

40 **果汁** guǒzhī

・**ジュース**

你喜欢喝果汁吗？ Nǐ xǐhuan hē guǒzhī ma?

あなたはジュースが好きですか。

41 **过去** guòqù

・**過去**

过去的事不要再说了。 Guòqù de shì bú yào zài shuō le.

過去のことはもう言わないで。

42 **河** hé

・**川**

那条河不能游泳。 Nèi tiáo hé bù néng yóuyǒng.

あの川は泳いではいけない。

43 **黑板** hēibǎn

・**黒板**

黑板上写着他的名字。 Hēibǎn shang xiězhe tā de míngzi.

黒板に彼の名前が書いてある。

44 **护照** hùzhào

・**パスポート**

别把护照放在桌子上。 Bié bǎ hùzhào fàngzài zhuōzi shang.

パスポートを机に置かないで。

45 **花** huā

・**花**

这个花是给我的吗？ Zhèige huā shì gěi wǒ de ma?

この花は私にくれるの？

46 **花园** huāyuán

・**花園、公園**

那儿有一个很漂亮的花园。 Nàr yǒu yí ge hěn piàoliang de huāyuán.

あそこにきれいな花園がある。

47 **环境** huánjìng

・**環境**

这个地方的环境很好。 Zhèige dìfang de huánjìng hěn hǎo.

この場所の環境はよい。

48 **会议**
huìyì

・**会議**
今天的会议你参加吗？　Jīntiān de huìyì nǐ cānjiā ma?
今日の会議にあなたは出ますか。

49 **机会**
jīhuì

・**機会、チャンス**
你有机会去中国吗？　Nǐ yǒu jīhuì qù Zhōngguó ma?
あなたは中国に行く機会がありますか。

50 **季节**
jìjié

・**季節**
你最喜欢哪个季节？　Nǐ zuì xǐhuan něige jìjié?
あなたはどの季節が最も好きですか。

51 **脚**
jiǎo

・**足**
你的脚怎么了？　Nǐ de jiǎo zěnmele?
あなたは足をどうしたの？

52 **角**[*4]
jiǎo

・**かど、つの**
这个是牛角做的。　Zhèige shì niújiǎo zuò de.
これは牛の角で作ったものだ。

53 **街道**
jiēdào

・**大通り**
那条街道上有一家小超市。　Nèi tiáo jiēdào shang yǒu yì jiā xiǎo chāoshì. あの大通りに小さなスーパーがある。

54 **节目**
jiémù

・**番組**
今天电视有什么好节目吗？　Jīntiān diànshì yǒu shénme hǎo jiémù ma? 今日は何かいいテレビ番組がありますか。

55 **节日**
jiérì

・**祭日**
今天是节日，人特多。　Jīntiān shì jiérì, rén tè duō.
今日は祭日だから、人が特に多い。

56 **经理**
jīnglǐ

・**社長**
你们公司经理在吗？　Nǐmen gōngsī jīnglǐ zài ma?
社長さんはいらっしゃいますか。

57 **句子**
jùzi

・**文**
这个句子的意思我不明白。　Zhèige jùzi de yìsi wó bù míngbai.
この文の意味が私はわからない。

58 客人
kèrén

・（家の）お客さん
今天有客人来我家。 Jīntiān yǒu kèrén lái wǒ jiā.
今日家にお客さんが来る。

59 空调
kōngtiáo

・エアコン
我房间的空调坏了。 Wǒ fángjiān de kōngtiáo huài le.
私の部屋のエアコンが壊れた。

60 裤子
kùzi

・ズボン
这条裤子要多少钱？ Zhèi tiáo kùzi yào duōshao qián?
このズボンはいくらしますか。

61 筷子
kuàizi

・箸
我们用筷子吃饭。 Wǒmen yòng kuàizi chī fàn.
私たちは箸でご飯を食べる。

62 礼物
lǐwù

・プレゼント
这是我送你的生日礼物。 Zhè shì wǒ sòng nǐ de shēngrì lǐwù.
これはあなたへの誕生日のプレゼントです。

63 历史
lìshǐ

・歴史
他很喜欢历史。 Tā hěn xǐhuan lìshǐ.
彼はとても歴史が好きだ。

64 脸
liǎn

・顔
你的脸怎么了？ 快去洗洗。 Nǐ de liǎn zěnme le? Kuài qù xǐxi.
あなたは顔をどうしたの？早く洗いに行ってください。

65 邻居
línjū

・隣近所
李先生是我的邻居。 Lǐ xiānsheng shì wǒ de línjū.
李さんは私のお隣さんです。

66 楼
lóu

・建物、ビル
那个大楼是办公楼。 Nèige dàlóu shì bàngōnglóu.
あの大きなビルは事務棟です。

・…階
他住三楼。 Tā zhù sān lóu.
彼は３階に住んでいる。

67 **马**
mǎ

・**馬**
在北京，有时还能看到马车。 Zài Běijīng, yǒushí hái néng kàndào mǎchē. 北京では、時々まだ馬車を見ることができます。

68 **帽子**
màozi

・**帽子**
你的帽子真漂亮，哪儿买的？ Nǐ de màozi zhēn piàoliang, nǎr mǎi de? あなたの帽子は本当にきれいですね、どこで買ったのですか。

69 **米**
mǐ

・**お米**
那个超市不卖这种米。 Nèige chāoshì bú mài zhèi zhǒng mǐ.
あのスーパーはこの種類のお米を売っていない。

70 **面包**
miànbāo

・**パン**
你会做面包吗？ Nǐ huì zuò miànbāo ma?
あなたはパンを作れますか。

71 **面条**
miàntiáo

・**麺類、そば**
王伟非常喜欢吃面条。 Wáng Wěi fēicháng xǐhuan chī miàntiáo.
王偉さんは大変麺類が好きだ。

72 **奶奶**
nǎinai

・**父方の祖母**
我奶奶今年七十岁。 Wǒ nǎinai jīnnián qīshí suì.
私の祖母は今年 70 歳だ。

73 **年级**
niánjí

・**学年**
我们是大学一年级的学生。 Wǒmen shì dàxué yì niánjí de xuésheng.
私たちは大学の 1 年生です。

74 **鸟**
niǎo

・**鳥**
那个公园里有很多鸟。 Nèige gōngyuán li yǒu hěn duō niǎo.
あの公園にはたくさんの鳥がいる。

75 **盘子**
pánzi

・**お盆、大皿**
把这些葡萄洗洗，然后放在这个盘子里。
Bǎ zhèixiē pútao xǐxi, ránhòu fàngzài zhèige pánzi li.
このブドウをちょっと洗ってからこのお皿に盛って。

76 **啤酒**
píjiǔ

・**ビール**
你爱喝啤酒吗？ Nǐ ài hē píjiǔ ma?
あなたはビールが好きですか。

77 葡萄 pútao
・ブドウ
这些葡萄好吃不好吃？ Zhèixiē pútao hǎochī bu hǎochī?
このブドウはおいしいですか。

78 普通话 pǔtōnghuà
・標準語
上海人的普通话你听得懂吗？ Shànghǎirén de pǔtōnghuà nǐ tīngdedǒng ma? 上海の人の標準語をあなたは聞いてわかりますか。

79 铅笔 qiānbǐ
・鉛筆
你的铅笔借我，行吗？ Nǐ de qiānbǐ jiè wǒ, xíng ma?
鉛筆を貸してくださいませんか。

80 秋*5 qiū
・秋
春夏秋冬，我最喜欢秋天。 Chūn xià qiū dōng, wǒ zuì xǐhuan qiūtiān. 春夏秋冬で私は秋が最も好きです。

81 裙子 qúnzi
・スカート
她穿的那条裙子真漂亮。 Tā chuān de nèi tiáo qúnzi zhēn piàoliang.
彼女がはいているあのスカートは本当にきれいだ。

82 伞 sǎn
・かさ
快下雨了，你带着伞吧。 Kuài xià yǔ le, nǐ dàizhe sǎn ba.
雨が降りそうです、かさを持って行ってください。

83 声音 shēngyīn
・音、声
他的声音太小了。 Tā de shēngyīn tài xiǎo le.
彼の声は小さすぎる。

84 世界 shìjiè
・世界
世界上只有妈妈最好。 Shìjiè shang zhǐyǒu māma zuì hǎo.
世界中で母だけが最もよい。

85 叔叔 shūshu
・叔父
你叔叔在哪儿工作？ Nǐ shūshu zài nǎr gōngzuò?
あなたのおじさんはどこで働いていますか。

86 树 shù
・木
最近我们那儿树越来越少了。 Zuìjìn wǒmen nàr shù yuè lái yuè shǎo le. 最近私たちのところは木がだんだん少なくなった。

87 数学
shùxué

・数学
你的数学成绩怎么样？ Nǐ de shùxué chéngjì zěnmeyàng?
あなたは数学の成績はどうですか。

88 水平
shuǐpíng

・レベル
他的日语水平很高。 Tā de Rìyǔ shuǐpíng hěn gāo.
彼の日本語のレベルは高い。

89 司机
sījī

・運転手
我们公司的司机人很好。 Wǒmen gōngsī de sījī rén hěn hǎo.
私たちの会社の運転手はとてもいい人だ。

90 太阳
tàiyáng
(tàiyang)

・太陽
今天看不到太阳。 Jīntiān kànbudào tàiyáng.
今日は太陽が見えない。

91 糖
táng

・砂糖
他喝咖啡不放糖。 Tā hē kāfēi bú fàng táng.
彼はコーヒーに砂糖を入れない。

92 体育
tǐyù

・体育
他最喜欢体育课。 Tā zuì xǐhuan tǐyù kè.
彼は体育の授業が一番好きだ。

93 同事
tóngshì

・同僚
我们公司的同事汉语都很好。 Wǒmen gōngsī de tóngshì Hànyǔ dōu hěn hǎo. 私たちの会社の同僚はみな中国語が上手だ。

94 头发
tóufa

・髪の毛
她的头发特别长，特别漂亮。 Tā de tóufa tèbié cháng, tèbié piàoliang. 彼女の髪は大変長くて、大変きれいだ。

95 图书馆
túshūguǎn

・図書館
她在图书馆里学习。 Tā zài túshūguǎn li xuéxí.
彼女は図書館で勉強している。

96 腿
tuǐ

・脚
我的腿今天特别疼。 Wǒ de tuǐ jīntiān tèbié téng.
私は脚が今日はすごく痛い。

97 **碗***6
wǎn

・お椀
用这个碗吃饭太大了吧。 Yòng zhèige wǎn chī fàn tài dà le ba.
このお椀はご飯を食べるには大きすぎでしょう。

---

98 **文化**
wénhuà

・文化
我特别喜欢日本文化。 Wǒ tèbié xǐhuan Rìběn wénhuà.
私は日本文化が特に好きだ。

---

99 **习惯***7
xíguàn

・習慣
每个国家有每个国家的生活习惯。 Měi ge guójiā yǒu měi ge guójiā de shēnghuó xíguàn. どの国にもその国の生活習慣がある。

---

100 **洗手间**
xǐshǒujiān

・トイレ
请问洗手间在哪儿？ Qǐng wèn xǐshǒujiān zài nǎr?
お伺いしたいのですが、トイレはどこですか。

---

101 **夏***8
xià

・夏
夏天我们经常去游泳。 Xiàtiān wǒmen jīngcháng qù yóuyǒng.
夏、私たちはよく泳ぎに行く。

---

102 **香蕉**
xiāngjiāo

・バナナ
这香蕉不太好吃。 Zhè xiāngjiāo bú tài hǎochī.
このバナナはあまりおいしくない。

---

103 **校长**
xiàozhǎng

・校長、学長
我们校长经常不在学校。 Wǒmen xiàozhǎng jīngcháng bú zài xuéxiào. 私たちの校長はいつも学校にいないのです。

---

104 **鞋**
xié

・靴
你这双鞋跟我的一样。 Nǐ zhèi shuāng xié gēn wǒ de yíyàng.
あなたのこの靴は私のと同じだ。

---

105 **新闻**
xīnwén

・ニュース
今天有一条大新闻。 Jīntiān yǒu yì tiáo dà xīnwén.
今日は１つ大きなニュースがある。

---

106 **信**
xìn

・手紙
你给他写信吧。 Nǐ gěi tā xiě xìn ba.
あなたは彼に手紙を書いたら？

107 **行李箱**
xínglixiāng

・**トランク**
护照别放在行李箱里。 Hùzhào bié fàngzài xínglixiāng li.
パスポートはトランクの中に入れないで。

---

108 **兴趣**
xìngqù

・**興味**
你对做菜有兴趣吗？ Nǐ duì zuò cài yǒu xìngqù ma?
あなたは料理に興味がありますか。

---

109 **熊猫**
xióngmāo

・**パンダ**
我很喜欢大熊猫。 Wǒ hěn xǐhuan dàxióngmāo.
私はパンダが大好きです。

---

110 **眼镜**
yǎnjìng

・**メガネ**
我把眼镜忘在家里了。 Wǒ bǎ yǎnjìng wàngzài jiāli le.
私はメガネを家に忘れてしまった。

---

111 **要求**[*9]
yāoqiú

・**要求**
你这个要求是不是太高了？ Nǐ zhèige yāoqiú shì bu shì tài gāo le?
あなたのこの要求は高すぎませんか。

---

112 **爷爷**
yéye

・**父方の祖父**
你爷爷今年八十岁了？ Nǐ yéye jīnnián bāshí suì le?
あなたのおじいさんは今年 80 歳になったの？

---

113 **一会儿**
yíhuìr

・**しばらく**
请您在这儿休息一会儿吧。 Qǐng nín zài zhèr xiūxi yíhuìr ba.
ここでしばらくお休みください。

---

114 **以后**
yǐhòu

・**以後**
上大学以后，我就开始学习汉语了。
Shàng dàxué yǐhòu, wǒ jiù kāishǐ xuéxí Hànyǔ le.
大学入学後に私はすぐ中国語を勉強し始めた。

---

115 **以前**
yǐqián

・**以前**
来日本以前，他已经会说日语了。 Lái Rìběn yǐqián, tā yǐjīng huì shuō Rìyǔ le. 日本に来る前、彼はすでに日本語が話せた。

---

116 **音乐**
yīnyuè

・**音楽**
我喜欢一边听音乐一边看书。 Wǒ xǐhuan yìbiān tīng yīnyuè yìbiān kàn shū. 私は音楽を聴きながら本を読むのが好きだ。

117 **银行** yínháng

・銀行

车站旁边有一家银行。 Chēzhàn pángbiān yǒu yì jiā yínháng.

駅のそばに銀行がある。

118 **影响**[*10] yǐngxiǎng

・影響

我妈妈对我的影响很大。 Wǒ māma duì wǒ de yǐngxiǎng hěn dà.

母の私に対する影響はとても大きい。

119 **游戏** yóuxì

・ゲーム

他们在玩什么游戏？ Tāmen zài wán shénme yóuxì?

彼らは何のゲームをしているの？

120 **月亮** yuèliang

・月

八月十五日的月亮特别大。 Bā yuè shíwǔ rì de yuèliang tèbié dà.

８月 15 日のお月様は特別大きい。

121 **云** yún

・雲

今晚没有云，月亮特别漂亮。 Jīnwǎn méiyǒu yún, yuèliang tèbié piàoliang. 今晩は雲がなく、月が大変きれいだ。

122 **站** zhàn

・…駅

北京站在哪儿？ Běijīngzhàn zài nǎr?

北京駅はどこですか。

123 **照片** zhàopiàn

・写真

明天带两张照片来。 Míngtiān dài liǎng zhāng zhàopiàn lái.

明日、写真を２枚持って来て。

124 **照相机** zhàoxiàngjī

・カメラ

这个照相机非常方便。 Zhèige zhàoxiàngjī fēicháng fāngbiàn.

このカメラは大変便利だ。

125 **中间** zhōngjiān

・中間

你站中间，我们站你旁边。 Nǐ zhàn zhōngjiān, wǒmen zhàn nǐ pángbiān. あなたは間に立って、私たちはあなたの隣に立ちます。

126 **周末** zhōumò

・週末

这个周末我们要去旅游。 Zhèige zhōumò wǒmen yào qù lǚyóu.

この週末私たちは旅行に行く予定だ。

127 **字典**
zìdiǎn

・**字典**
他送我一本汉语的字典。 Tā sòng wǒ yì běn Hànyǔ de zìdiǎn.
彼は私に中国語の字典を 1 冊贈ってくれた。

---

128 **自己**
zìjǐ

・**自分**
自己的事应该自己做。 Zìjǐ de shì yīnggāi zìjǐ zuò.
自分のことは自分でしなければならない。

---

129 **最近**
zuìjìn

・**最近**
你最近怎么了？ Nǐ zuìjìn zěnme le?
あなたは最近どうしたの？

---

130 **作业**
zuòyè

・**宿題**
李老师的作业你做完了吗？ Lǐ lǎoshī de zuòyè nǐ zuòwán le ma?
あなたは李先生の宿題をやり終えましたか。

---

131 **作用**
zuòyòng

・**役割、作用**
他在班上的作用很大。 Tā zài bān shang de zuòyuòng hěn dà.
彼はクラスでの役割が大きい。

＊ 1、7、9、10 本書では“变化”“习惯”“要求”“影响”を名詞と動詞に入れる。

＊ 2、3、5、8 「大綱」の“春”“夏”“秋”“冬”は単独で使えないので、例文は“春天”“夏天”“秋天”“冬天”を使う。

＊ 4、6 本書では“角”“碗”を名詞と量詞に入れる。

动 词（動 詞）

CD 26

1 **安静**
ānjìng

・静かにする
请大家安静。 Qǐng dàjiā ānjìng.
みなさん、静かにしてください。

2 **搬**
bān

・運ぶ
请你把这把椅子搬到外边去吧。 Qǐng nǐ bǎ zhèi bǎ yǐzi bāndào wàibiān qù ba. この椅子を外に運んでください。

3 **帮忙**
bāngmáng

・手伝う
明天你能来帮忙吗？ Míngtiān nǐ néng lái bāngmáng ma ?
明日あなたは手伝いに来られますか。

4 **包**
bāo

・包む
这些东西谁包的？ Zhèixiē dōngxi shéi bāo de?
これらのものは誰が包んだの？

5 **比较**
bǐjiào

・比較する
东西好不好应该比较比较。 Dōngxi hǎo bu hǎo yīnggāi bǐjiào bǐjiao. もののよしあしは比較してみなければならない。

6 **变化**[*1]
biànhuà

・変化する
这两年，北京变化得很快。 Zhè liǎng nián, Běijīng biànhuà de hěn kuài. この２年間、北京の変化が速い。

7 **表示**
biǎoshì

・示す
他不说话就是表示不同意。 Tā bù shuōhuà jiù shì biǎoshì bù tóngyì.
彼が言わないということは同意しないことを示す。

8 **表演**
biǎoyǎn

・演じる
他表演得很差。 Tā biǎoyǎn de hěn chà.
彼は演技が下手だ。

9 参加
cānjiā

・参加する
你想参加明天的会议吗？ Nǐ xiǎng cānjiā míngtiān de huìyì ma?
あなたは明日の会議に参加したいですか。

10 迟到
chídào

・遅刻する
明天的会议你别迟到。 Míngtiān de huìyì nǐ bié chídào.
明日の会議にあなたは遅れないで。

11 出现
chūxiàn

・現れる
这个工作突然出现了很多问题。 Zhèige gōngzuò tūrán chūxiànle hěn duō wèntí. この仕事は突然問題がたくさん出てきた。

12 打扫
dǎsǎo

・掃除する
这个星期天我打算打扫我的房间。 Zhèige xīngqītiān wǒ dǎsuàn dǎsǎo wǒ de fángjiān. 今週の日曜日に私は部屋を掃除するつもりだ。

13 带
dài

・携帯する
今天会下雨，你带伞去吧。 Jīntiān huì xià yǔ, nǐ dài sǎn qù ba.
今日は雨が降りそうだから、かさを持って行って。

・連れる
我妈妈带我弟弟去医院看病了。 Wǒ māma dài wǒ dìdi qù yīyuàn kàn bìng le. 母は弟を連れて病院に診てもらいに行った。

14 担心
dānxīn

・心配する
你别担心，没什么事情。 Nǐ bié dānxīn, méi shénme shìqing.
心配しないで、何もありません。

15 点
diǎn

・注文する
今天你点菜。 Jīntiān nǐ diǎn cài.
今日はあなたが料理を注文して。

・数える
这些钱你点一下。 Zhèixiē qián nǐ diǎn yíxià.
これらのお金を数えて。

16 锻炼
duànliàn

・鍛える
李先生每天都到公园去锻炼身体。 Lǐ xiānsheng měitiān dōu dào gōngyuán qù duànliàn shēntǐ. 李さんは毎日公園へ行って体を鍛える。

17 **发烧**
fāshāo

・熱がある
他感冒了，有点儿发烧。 Tā gǎnmào le, yǒudiǎnr fāshāo.
彼は風邪をひいて少し熱がある。

18 **发现**
fāxiàn

・発見する、わかる
我发现他们最近有点儿问题。 Wǒ fāxiàn tāmen zuìjìn yǒudiǎnr wèntí. 私は彼らが最近少し問題があるとわかった。

19 **放**
fàng

・置く
你的手机别放在这儿。 Nǐ de shǒujī bié fàngzài zhèr.
あなたの携帯電話をここに置かないで。

20 **放心**
fàngxīn

・安心する
他父母对他很不放心。 Tā fùmǔ duì tā hěn bú fàngxīn.
彼の両親は彼のことがとても心配だ。

21 **分**
fēn

・分ける
这些钱，你分给大家吧。 Zhèixiē qián, nǐ fēngěi dàjiā ba.
このお金をみんなに分けてください。

22 **复习**
fùxí

・復習する
下课后你应该多复习。 Xiàkè hòu nǐ yīnggāi duō fùxí.
授業が終わったあと、たくさん復習しなければならない。

23 **感冒**
gǎnmào

・風邪をひく
他今天感冒了。 Tā jīntiān gǎnmào le.
彼は今日風邪をひいた。

24 **刮风***2
guā fēng

・風が吹く
今天没刮风。 Jīntiān méi guā fēng.
今日は風がない。

25 **关**
guān

・消す
你把电视关了吧。 Nǐ bǎ diànshì guān le ba.
あなたはテレビを消して。

・閉める
你把门关了。 Nǐ bǎ mén guān le.
あなたはドアを閉めて。

26 **关心**
guānxīn

・**親切にする、気にかける**
我们老师特别关心学生。 Wǒmen lǎoshī tèbié guānxīn xuésheng.
私たちの先生はとても学生に親切だ。

27 **害怕**
hàipà

・**怖がる**
你最害怕谁? Nǐ zuì hàipà shéi?
あなたが最も怖い人は誰ですか。

28 **画**
huà

・**描く**
你喜欢画什么画儿? Nǐ xǐhuan huà shénme huàr?
あなたはどんな絵を描くのが好きですか。

29 **坏**
huài

・**壊す**
我的手机是不是坏了? Wǒ de shǒujī shì bu shì huài le?
私の携帯電話は壊れたのですか?

30 **还**
huán

・**返す**
这一百块钱还你，谢谢。 Zhè yìbǎi kuài qián huán nǐ, xièxie.
この 100 元をあなたに返します、ありがとう。

31 **换**
huàn

・**換える**
你快点儿换衣服，我们要去吃饭了。
Nǐ kuàidiǎnr huàn yīfu, wǒmen yào qù chī fàn le.
あなたはちょっと早く着換えて、私たちは食事に行くのだから。

32 **记得**
jìde

・**覚えている**
你记得他的名字吗? Nǐ jìde tā de míngzi ma?
あなたは彼の名前を覚えていますか。

33 **检查**
jiǎnchá

・**検査する**
他去医院检查身体了。 Tā qù yīyuàn jiǎnchá shēntǐ le.
彼は病院へ行って体を検査してもらった。

34 **见面**
jiànmiàn

・**会う**
你跟他见面了吗? Nǐ gēn tā jiànmiàn le ma?
あなたは彼と会いましたか。

35 **讲**
jiǎng

・**説明する、話す**
你越讲，他越不明白。 Nǐ yuè jiǎng, tā yuè bù míngbai.
あなたが言えば言うほど彼はわからない。

36 **教** jiāo

・教える

李老师教你们什么？　Lǐ lǎoshī jiāo nǐmen shénme?

李先生はあなた方に何を教えますか。

37 **接** jiē

・迎える

我去机场接一个朋友。　Wǒ qù jīchǎng jiē yí ge péngyou.

私は空港に友人を迎えに行きます。

・受ける

他不接我的电话。　Tā bù jiē wǒ de diànhuà.

彼は私の電話に出ない。

38 **结婚** jiéhūn

・結婚する

他们什么时候结婚的？　Tāmen shénme shíhou jiéhūn de?

彼らはいつ結婚したのですか。

39 **结束** jiéshù

・終わる

那个音乐会结束了。　Nèige yīnyuèhuì jiéshù le.

あの音楽会は終わった。

40 **解决** jiějué

・解決する

这个问题不容易解决。　Zhèige wèntí bù róngyì jiějué.

この問題は解決するのが容易ではない。

41 **借** jiè

・貸す

你能借我五百块钱吗？　Nǐ néng jiè wǒ wǔbǎi kuài qián ma?

私に 500 元貸してもらえませんか。

・借りる

我跟他借了十块钱。　Wǒ gēn tā jièle shí kuài qián.

私は彼に 10 元借りた。

42 **经过** jīngguò

・通る、経る

我每天上班时一定经过那家超市。

Wǒ měitiān shàngbān shí yídìng jīngguò nèi jiā chāoshì.

私は毎日出勤時、必ずあのスーパーの前を通る。

43 **举行** jǔxíng

・行う

明天我们大学举行运动会。　Míngtiān wǒmen dàxué jǔxíng yùndònghuì. 明日私たちの大学はスポーツ大会を開催する。

44 **决定**
juédìng

・**決定する**
他决定明年回中国了。 Tā juédìng míngnián huí Zhōngguó le.
彼は来年中国に帰ることを決めた。

45 **渴望**
kěwàng

・**渇望する**
他非常渴望能见到他的妈妈。 Tā fēicháng kěwàng néng jiàndào tā de māma. 彼はお母さんに会えることを強く願っている。

46 **刻**
kè

・**刻む**
他的话我都刻在心上了。 Tā de huà wǒ dōu kèzài xīn shang le.
彼の話は全部私の心に刻まれている。

47 **哭**
kū

・**泣く**
她为什么哭了？ Tā wèishénme kū le?
彼女はどうして泣いているの？

48 **离开**
líkāi

・**離れる**
你为什么要离开家乡？ Nǐ wèishénme yào líkāi jiāxiāng?
なぜ故郷を離れるのですか。

49 **练习**
liànxí

・**練習する**
学汉语，要多练习。 Xué Hànyǔ, yào duō liànxí.
中国語を学ぶなら、たくさん練習が必要だ。

50 **了解**
liǎojiě

・**理解する**
你对他了解吗？ Nǐ duì tā liǎojiě ma?
あなたは彼のことがわかりましたか。

51 **满意**
mǎnyì

・**満足する**
你对你的工作满意吗？ Nǐ duì nǐ de gōngzuò mǎnyì ma?
あなたは自分の仕事に満足していますか。

52 **明白**
míngbai

・**わかる**
你明白我说的意思吗？ Nǐ míngbai wǒ shuō de yìsi ma?
あなたは私が話した意味がわかりますか。

53 **拿**
ná

・**持つ**
这些东西你拿去吧。 Zhèixiē dōngxi nǐ náqu ba.
これらのものを持っていってください。

54 **难过** nánguò

・**悲しむ、つらい**
她最近难过什么啊？　Tā zuìjìn nánguò shénme a?
彼女は最近どんなつらいことがあったのですか。

---

55 **努力** nǔlì

・**努力する**
你再努力努力吧。　Nǐ zài nǔlì nǔli ba.
あなたはもっと努力してください。

---

56 **爬山** *3 pá shān

・**山に登る**
你喜欢爬山吗？　Nǐ xǐhuan pá shān ma?
あなたは山登りが好きですか。

---

57 **骑** qí

・**乗る、またがる**
你会骑自行车吗？　Nǐ huì qí zìxíngchē ma?
あなたは自転車に乗れますか。

---

58 **认为** rènwéi

・**思う**
你认为她为什么会成功？　Nǐ rènwéi tā wèishénme huì chénggōng?
あなたは彼女はなぜ成功するだろうと思うのですか。

---

59 **上网** shàngwǎng

・**インターネットをする**
这孩子天天上网不学习。　Zhè háizi tiāntiān shàngwǎng bù xuéxí.
この子は毎日インターネットをして、勉強しない。

---

60 **生气** shēngqì

・**怒る**
他妈妈生气了。　Tā māma shēngqì le.
彼のお母さんは怒った。

---

61 **刷牙** *4 shuā yá

・**歯を磨く**
睡觉之前应该好好儿刷牙。　Shuìjiào zhīqián yīnggāi hǎohāor shuā yá. 寝る前にちゃんと歯を磨かなければならない。

---

62 **疼** *5 téng

・**かわいがる**
我妈特别疼我妹妹。　Wǒ mā tèbié téng wǒ mèimei.
母は特に妹をとてもかわいがっている。

---

63 **提高** tígāo

・**高める**
你的汉语水平提高了。　Nǐ de Hànyǔ shuǐpíng tígāo le.
あなたの中国語のレベルは高くなった。

64 **同意**
tóngyì

・同意する
你爸爸同意你跟他结婚吗？ Nǐ bàba tóngyì nǐ gēn tā jiéhūn ma?
お父さんはあなたが彼と結婚することに同意したの？

65 **完成**
wánchéng

・完成する
这个工作什么时候能完成？ Zhèige gōngzuò shénme shíhou néng wánchéng? この仕事はいつ終わるのですか。

66 **忘记**
wàngjì

・忘れる
你别忘记明天是他的生日啊。 Nǐ bié wàngjì míngtiān shì tā de shēngrì a. 明日は彼の誕生日ということを忘れないで。

67 **习惯**[*6]
xíguàn

・慣れる
这个工作你习惯了吗？ Zhèige gōngzuò nǐ xíguàn le ma?
この仕事に慣れましたか。

68 **洗澡**
xǐzǎo

・お風呂に入る
他回家后，就马上洗澡了。 Tā huí jiā hòu, jiù mǎshàng xǐzǎo le.
彼は家に帰るとすぐお風呂に入った。

69 **相信**
xiāngxìn

・信じる
我相信你一定会成功的。 Wǒ xiāngxìn nǐ yídìng huì chénggōng de. 私はあなたが必ず成功すると信じています。

70 **像**
xiàng

・…に似ている
你真像你爸爸。 Nǐ zhēn xiàng nǐ bàba.
あなたは本当にお父さんに似ている。

71 **小心**
xiǎoxīn

・気をつける
你应该小心。 Nǐ yīnggāi xiǎoxīn.
あなたは気をつけなくてはいけません。

72 **需要**
xūyào

・必要とする
你需要什么东西？ Nǐ xūyào shénme dōngxi?
あなたはどんなものが必要ですか。

73 **选择**
xuǎnzé

・選択する
现在很难选择自己喜欢的工作了。
Xiànzài hěn nán xuǎnzé zìjǐ xǐhuan de gōngzuò le.
現在自分が好きな仕事を選ぶのはとても難しい。

74 **要求**[*7]
yāoqiú
・要求する
这件事你应该向经理要求。 Zhèi jiàn shì nǐ yīnggāi xiàng jīnglǐ yāoqiú. この件はあなたは社長に要求すべきだ。

75 **以为**
yǐwéi
・思う
我以为他不会来，但是他来了。 Wǒ yǐwéi tā bú huì lái, dànshì tā lái le. 私は彼が来ないと思ったが、彼は来た。

76 **影响**[*8]
yǐngxiǎng
・影響する
你别影响别人学习。 Nǐ bié yǐngxiǎng biéren xuéxí.
あなたはほかの人の勉強に影響を与えないで！

77 **用**
yòng
・使う
你用我的手机给他打吧。 Nǐ yòng wǒ de shǒujī gěi tā dǎ ba.
私の携帯電話を使って彼にかけてください。

78 **遇到**
yùdào
・会う、会った
前天我在超市遇到李明了。 Qiántiān wǒ zài chāoshì yùdào Lǐ Míng le. おととい私はスーパーで李明さんに会った。

79 **愿意**
yuànyì
・…したいと願う
你愿意跟他结婚吗？ Nǐ yuànyì gēn tā jiéhūn ma?
あなたは彼と結婚したいのですか。

80 **站**
zhàn
・立つ
你别站在这儿。 Nǐ bié zhànzài zhèr.
あなたはここに立たないで。

81 **长**
zhǎng
・成長する
你已经长大了。 Nǐ yǐjīng zhǎngdà le.
あなたはもう大きくなった。

82 **照顾**
zhàogù
・面倒を見る
你应该照顾你弟弟。 Nǐ yīnggāi zhàogù nǐ dìdi.
あなたは弟さんの世話をしなければならない。

83 **祝**
zhù
・祈る
我祝你身体健康。 Wǒ zhù nǐ shēntǐ jiànkāng.
あなたの健康をお祈りします。

84 **注意**
zhùyì

・注意する
你上班时，要注意安全。 Nǐ shàngbān shí, yào zhùyì ānquán.
出勤する時には安全に注意しなければならない。

85 **坐**
zuò

・（交通機関に）乗る
我们坐地铁去吧。 Wǒmen zuò dìtiě qù ba.
地下鉄で行きましょう。

＊1、6、7、8　本書では“变化”“习惯”“要求”“影响”を名詞と動詞に入れる。

＊2、3、4　“刮风”“爬山”“刷牙”は動詞＋目的語の構造だが、「大綱」は1つの単語と見なすので、本書もそれに従い、動詞として扱う。

＊5　本書では“疼”を動詞と形容詞に入れる。

形容词（形容詞）

CD 27

1 **矮**
ǎi

・（背が）低い
他比你矮吗？　Tā bǐ nǐ ǎi ma?
彼はあなたより背が低いですか。

2 **安静**
ānjìng

・静かだ
这个地方很安静。　Zhèige dìfang hěn ānjìng.
この場所は静かだ。

3 **饱**
bǎo

・お腹がいっぱいだ
我已经很饱了。　Wǒ yǐjīng hěn bǎo le.
私はもうお腹がいっぱいです。

4 **差**
chà

・劣る
我的汉语比他差。　Wǒ de Hànyǔ bǐ tā chà.
私の中国語は彼より劣る。

5 **聪明**
cōngmíng

・聡明だ
他妹妹又聪明又可爱。　Tā mèimei yòu cōngmíng yòu kě'ài.
彼の妹は聡明だし、またかわいい。

6 **当然**
dāngrán

・当然だ
能上大学，高兴是当然的。　Néng shàng dàxué, gāoxìng shì dāngrán de. 大学に行けたらうれしいのは当然だ。

7 **低**
dī

・低い
他的汉语水平不低吧。　Tā de Hànyǔ shuǐpíng bù dī ba.
彼の中国語のレベルは低くないでしょう。

8 **短**
duǎn

・短い
这件衣服太短了。　Zhèi jiàn yīfu tài duǎn le.
この服は短すぎる。

9 饿
è

・お腹がすいている

我饿了，我们去吃饭吧。 Wǒ è le, wǒmen qù chī fàn ba.

お腹がすきました、ご飯を食べに行きましょう。

10 方便
fāngbiàn

・便利だ

这个手机很方便。 Zhèige shǒujī hěn fāngbiàn.

この携帯電話は便利だ。

11 干净
gānjìng

・きれいだ

这个房间很干净。 Zhèige fángjiān hěn gānjìng.

この部屋はきれいだ。

12 坏
huài

・悪い

世界上有好人也有坏人。 Shìjiè shang yǒu hǎorén yě yǒu huàirén.

世界にはいい人も悪い人もいる。

13 黄
huáng

・黄色の

我比较喜欢黄的。 Wǒ bǐjiào xǐhuan huáng de.

私はわりと黄色のものが好きだ。

14 简单
jiǎndān

・簡単だ

这件事情不太简单。 Zhèi jiàn shìqing bú tài jiǎndān.

このことはあまり簡単ではない。

15 健康
jiànkāng

・健康だ

什么都不重要，健康最重要。 Shénme dōu bú zhòngyào, jiànkāng zuì zhòngyào. 何も重要ではない、健康が最も重要だ。

16 久
jiǔ

・（時間が）長い

我在这儿等了他很久了。 Wǒ zài zhèr děngle tā hěn jiǔ le.

私はここで彼をずいぶん長い間待っている。

17 旧
jiù

・古い

这些旧书我不要。 Zhèixiē jiùshū wǒ bú yào.

これらの古本は私はいらない。

18 渴
kě

・渇いている

我现在很渴，给我一点儿水。

Wǒ xiànzài hěn kě, gěi wǒ yìdiǎnr shuǐ.

私は今のどが渇いているので、少し水をください。

19 可爱
kě'ài

・かわいい
这件衣服很可爱。 Zhèi jiàn yīfu hěn kě'ài.
この服はかわいい。

20 蓝
lán

・青い
蓝的天，绿的草，真漂亮。 Lán de tiān, lǜ de cǎo, zhēn piàoliang.
青い空、緑の草、本当にきれいだ。

21 老[*1]
lǎo

・年老いた
他还不老，他还很年轻。 Tā hái bù lǎo, tā hái hěn niánqīng.
彼はまだ年老いてなく、まだとても若い。

22 绿
lǜ

・緑色の
苹果我喜欢红的，不喜欢绿的。
Píngguǒ wǒ xǐhuan hóng de, bù xǐhuan lǜ de.
リンゴは、私は赤いのが好きです。青リンゴは好きではありません。

23 难
nán

・難しい
我觉得汉语很难。 Wǒ juéde Hànyǔ hěn nán.
私は中国語はとても難しいと思う。

24 年轻
niánqīng

・若い
年轻人要努力一点儿。 Niánqīngrén yào nǔlì yìdiǎnr.
若い人は少し努力する必要がある。

25 努力
nǔlì

・一生懸命だ
李明学习很努力。 Lǐ Míng xuéxí hěn nǔlì.
李明さんはとても一生懸命勉強する。

26 胖
pàng

・太っている
你最近是不是有点儿胖了？ Nǐ zuìjìn shì bu shì yǒudiǎnr pàng le?
あなたは最近ちょっと太ったのではありませんか。

27 奇怪
qíguài

・おかしい
我觉得今天她有点儿奇怪。 Wǒ juéde jīntiān tā yǒudiǎnr qíguài.
私は彼女は今日ちょっとおかしいと思う。

28 清楚
qīngchu

・はっきりしている
我看得很清楚，没错。 Wǒ kàn de hěn qīngchu, méi cuò.
私ははっきり見える、間違いない。

29 **热情**
rèqíng

・**熱心だ**
陈老师对学生很热情。 Chén lǎoshī duì xuésheng hěn rèqíng.
陳先生は学生にとても熱心だ。

30 **认真**
rènzhēn

・**まじめだ**
她做事非常认真。 Tā zuò shì fēicháng rènzhēn.
彼女は何をするにも大変まじめだ。

31 **容易**
róngyì

・**易しい**
今天的作业不太容易。 Jīntiān de zuòyè bú tài róngyì.
今日の宿題はあまり易しくない。

32 **瘦**
shòu

・**やせている**
你最近是不是瘦了？ Nǐ zuìjìn shì bu shì shòu le?
あなたは最近やせたのではありませんか。

33 **舒服**
shūfu

・**気持ちがよい**
这儿很舒服。 Zhèr hěn shūfu.
ここはとても気持ちがよい。

34 **疼**[*2]
téng

・**痛い**
今天我的脚有点儿疼。 Jīntiān wǒ de jiǎo yǒudiǎnr téng.
今日私はちょっと足が痛い。

35 **甜**
tián

・**甘い**
这个糖怎么不甜啊？ Zhèige táng zěnme bù tián a?
このアメはどうして甘くないの？

36 **突然**
tūrán

・**突然だ**
怎么突然下雨了？ Zěnme tūrán xià yǔ le?
どうして突然雨が降ってきたの？

37 **相同**
xiāngtóng

・**同じだ**
每个国家的文化都不相同。 Měi ge guójiā de wénhuà dōu bù xiāngtóng. どの国の文化もみんな同じではない。

38 **新鲜**
xīnxiān

・**新鮮だ**
这些菜不太新鲜。 Zhèixiē cài bú tài xīnxiān.
これらの野菜はあまり新鮮ではない。

39 **一样** yíyàng
・**同じだ**
我跟你一样，很喜欢吃中国菜。 Wǒ gēn nǐ yíyàng, hěn xǐhuan chī Zhōngguó cài. 私はあなたと同じで、中華料理が大好きです。

40 **一般** yìbān
・**普通だ**
他的英语水平一般，不高也不低。 Tā de Yīngyǔ shuǐpíng yìbān, bù gāo yě bù dī. 彼の英語のレベルは普通で、高くもなく低くもない。

41 **有名** yǒumíng
・**有名だ**
他是我们学校最有名的老师。 Tā shì wǒmen xuéxiào zuì yǒumíng de lǎoshī. 彼は私たちの学校で最も有名な先生だ。

42 **着急** zháojí
・**焦っている**
她现在很着急。 Tā xiànzài hěn zháojí.
彼女は今とても焦っている。

43 **重要** zhòngyào
・**重要だ**
这个问题对你很重要。 Zhèige wèntí duì nǐ hěn zhòngyào.
この問題はあなたにとってとても重要だ。

44 **主要** zhǔyào
・**主要だ**
那个问题主要原因在哪儿？ Nèige wèntí zhǔyào yuányīn zài nǎr?
あの問題の主な原因はどこにありますか。

＊1　本書では“老”を形容詞と副詞に入れる。
＊2　本書では“疼”を動詞と形容詞に入れる。

副　词（副　詞）

CD 28

1 **比较** bǐjiào
・**比較的**
你买的这个电脑比较好。 Nǐ mǎi de zhèige diànnǎo bǐjiào hǎo.
あなたの買ったこのパソコンは比較的よい。

2 **必须** bìxū
・**必ず**
你必须问清楚再做。 Nǐ bìxū wèn qīngchu zài zuò.
あなたは必ず質問してはっきりさせてからやりなさい。

3 **才** cái
・**やっと**
你怎么现在才来啊? 他们都走了。
Nǐ zěnme xiànzài cái lái a? Tāmen dōu zǒu le.
あなたはどうしてやっと今来たの？彼らはみな行ったよ

4 **当然** dāngrán
・**当然、もちろん**
明天我当然去。 Míngtiān wǒ dāngrán qù.
明日私はもちろん行きます。

5 **多么** duōme
・**どんなにか**
你来了，他多么高兴啊。 Nǐ lái le, tā duōme gāoxìng a.
あなたが来たら、彼はどんなに喜ぶことか。

6 **更** gèng
・**更に**
我觉得你应该更努力一点儿。 Wǒ juéde nǐ yīnggāi gèng nǔlì yìdiǎnr. 私はあなたはもうちょっと努力しなければならないと思う。

7 **或者**[*1] huòzhě
・**…かもしれない**
你给他打个电话吧，或者他会来。 Nǐ gěi tā dǎ ge diànhuà ba, huòzhě tā huì lái. あなたは彼に電話したら？彼は来るかもしれない。

8 **几乎** jīhū
・**ほとんど**
昨天来的几乎都是女的。 Zuótiān lái de jīhū dōu shì nǚ de.
きのう来たのはほとんど女性だった。

9 **极**
jí

・極めて
这件事极难解决。 Zhèi jiàn shì jí nán jiějué.
この件は極めて解決しにくい。

10 **经常**
jīngcháng

・いつも、よく
他经常到中国去旅游。 Tā jīngcháng dào Zhōngguó qù lǚyóu.
彼はよく中国に旅行する。

11 **老**[*2]
lǎo

・いつも、しょっちゅう
他老迟到。 Tā lǎo chídào.
彼はしょっちゅう遅刻する。

12 **马上**
mǎshàng

・すぐに
你马上去买吧。 Nǐ mǎshàng qù mǎi ba.
あなたはすぐ買いに行ったら？

13 **其实**
qíshí

・実は
这件事其实不复杂。 Zhèi jiàn shì qíshí bú fùzá.
この件は実は複雑ではない。

14 **特别**
tèbié

・特別、非常に
那个电脑特别便宜。 Nèige diànnǎo tèbié piányi.
あのパソコンは非常に安い。

15 **先**
xiān

・先に
你先喝茶再慢慢儿说。 Nǐ xiān hē chá zài mànmānr shuō.
あなたは先にお茶を飲んでからゆっくり話してください。

16 **一定**
yídìng

・必ず、きっと
他的病一定会好的。 Tā de bìng yídìng huì hǎo de.
彼の病気はきっとよくなる。

17 **一共**
yígòng

・合計、全部で
你们班一共有多少人？ Nǐmen bān yígòng yǒu duōshao rén?
あなたたちのクラスは全部で何人ですか。

18 **一边**
yìbiān

・…しながら
你别一边吃饭一边看电视。 Nǐ bié yìbiān chī fàn yìbiān kàn diànshì.
あなたはご飯を食べながらテレビを見ないで。

19 **一直**
yìzhí

・**ずっと**
今天他一直在图书馆学习。 Jīntiān tā yìzhí zài túshūguǎn xuéxí.
今日彼はずっと図書館で勉強している。

20 **有点儿**
yǒudiǎnr

・**少し**
这个问题有点儿难。 Zhèige wèntí yǒudiǎnr nán.
この問題はちょっと難しい。

21 **又**
yòu

・**また**
昨天他迟到了，今天又迟到了。 Zuótiān tā chídào le, jīntiān yòu chídào le. きのう彼は遅刻して、今日もまた遅刻した。

22 **越**
yuè

・**ますます、だんだん**
最近天气越来越冷了。 Zuìjìn tiānqì yuè lái yuè lěng le.
最近ますます寒くなってきた。

23 **只**
zhǐ

・**だけ**
我只学过一点儿汉语。 Wǒ zhǐ xuéguo yìdiǎnr Hànyǔ.
私は中国語をちょっと勉強したことがあるだけです。

24 **终于**
zhōngyú

・**ついに**
他们终于结婚了。 Tāmen zhōngyú jiéhūn le.
彼らはついに結婚した。

25 **总是**
zǒngshì

・**いつも**
他总是忘记我的名字。 Tā zǒngshì wàngjì wǒ de míngzi.
彼はいつも私の名前を忘れる。

＊1　本書では“或者”を副詞と接続詞に入れる。
＊2　本書では“老”を形容詞と副詞に入れる。

代　词（代名詞）

CD 29

1 **其他**
qítā

・**その他**
还有其他人想参加吗？　Háiyǒu qítā rén xiǎng cānjiā ma?
その他に参加したい人はいますか。

助动词（助動詞）

CD 30

1 **打算**
dǎsuàn

・**…するつもりだ**
我打算明年去北京留学。　Wǒ dǎsuàn míngnián qù Běijīng liúxué.
私は来年北京に留学するつもりだ。

2 **敢**
gǎn

・**…する勇気がある**
他不敢骑自行车。　Tā bù gǎn qí zìxíngchē.
彼は自転車に乗る勇気がない。

3 **应该**
yīnggāi

・**…しなければならない**
这件事，你应该早点儿告诉他。　Zhèi jiàn shì, nǐ yīnggāi zǎo diǎnr gàosu tā. このことをあなたは早く彼に言わなければならない。

助　词（助　詞）

CD 31

1 地
de

・…に、…と
你好好儿地跟他说吧。　Nǐ hǎohāor de gēn tā shuō ba.
あなたはちゃんと彼に言いなさい。

数　词（数　詞）

CD 32

1 半
bàn

・半分
这些葡萄，一半给你，一半给他。　Zhèixiē pútao, yíbàn gěi nǐ, yíbàn gěi tā. このブドウは半分あなたに、半分彼にあげる。

2 万
wàn

・万
你能借我一万日元吗？　Nǐ néng jiè wǒ yíwàn Rìyuán ma?
私に１万円貸してもらえませんか。

量　词（量　詞）

CD 33

1 **把**
bǎ

・**かさなどの量詞**
请你借我一把伞吧。　Qǐng nǐ jiè wǒ yì bǎ sǎn ba.
私にかさを貸してください。

2 **层**
céng

・**…階**
我的房间在五层。　Wǒ de fángjiān zài wǔ céng.
私の部屋は５階にある。

3 **段**
duàn

・**段落、ひと区切り**
你应该把这段话写下来。　Nǐ yīnggāi bǎ zhèi duàn huà xiěxiàlai.
あなたはこの話を書かなければならない。

4 **家**[*1]
jiā

・**店の量詞**
那家饭馆的菜很好吃。　Nèi jiā fànguǎn de cài hěn hǎochī.
あのレストランの料理はとてもおいしい。

5 **角**[*2]
jiǎo

・**お金の単位、10 分の 1 元（書面語）**
这个菜三块五角一公斤。　Zhèige cài sān kuài wǔ jiǎo yì gōngjīn.
この野菜は１キロ３元５角です。

6 **刻**
kè

・**15 分**
现在一点一刻。　Xiànzài yī diǎn yí kè.
今は１時 15 分だ。

7 **口**
kǒu

・**家族の量詞**
你家有几口人？　Nǐ jiā yǒu jī kǒu rén?
あなたは何人家族ですか。

8 **辆**
liàng

・**車の量詞**
这辆车你多少钱买的？　Zhèi liàng chē nǐ duōshao qián mǎi de?
この車をあなたはいくらで買ったの？

9 **双**
shuāng

・**靴、箸の量詞**
你有几双鞋啊? Nǐ yǒu jǐ shuāng xié a?
あなたは靴を何足持っているの?

10 **条**
tiáo

・**ズボンなどの量詞**
你这条裤子在哪儿买的? Nǐ zhèi tiáo kùzi zài nǎr mǎi de?
あなたのこのズボンはどこで買ったのですか。

11 **碗**＊3
wǎn

・**ご飯の量詞(…杯)**
他一天吃六碗饭。 Tā yì tiān chī liù wǎn fàn.
彼は1日に6杯ご飯を食べる。

12 **位**
wèi

・**人の量詞(尊敬語)**
你们两位对我太好了。 Nǐmen liǎng wèi duì wǒ tài hǎo le.
あなた方お二人は私にとてもよくしてくれます。

13 **种**
zhǒng

・**…種類**
这种苹果很好吃。 Zhèi zhǒng píngguǒ hěn hǎochī.
この種類のリンゴはとてもおいしい。

＊1 「大綱」では"家"は1級に名詞があるのみだが、本書は3級に量詞も追加する。
＊2、3 本書では"角""碗"を名詞と量詞に入れる。

介　词（前置詞）

CD 34

1 **把** bǎ

・…を
你把这本书放在桌子上吧。 Nǐ bǎ zhèi běn shū fàngzài zhuōzi shang ba. この本を机の上に置いてください。

2 **被** bèi

・…に～される
我的自行车被他骑走了。 Wǒ de zìxíngchē bèi tā qízǒu le.
私の自転車は彼に乗って行かれた。

3 **跟** gēn

・…と
这件事，你跟他说了吗？ Zhèi jiàn shì, nǐ gēn tā shuō le ma?
このことをあなたは彼に話しましたか。

4 **根据** gēnjù

・…によると
根据今天的报纸说，今天会下雨。 Gēnjù jīntiān de bàozhǐ shuō, jīntiān huì xià yǔ. 今日の新聞によると、今日は雨が降るそうだ。

5 **关于** guānyú

・…について
关于这个问题，你想过吗？ Guānyú zhèige wèntí, nǐ xiǎngguo ma? この問題について、あなたは考えたことがありますか。

6 **使** shǐ

・…に～させる
这件事使我们很高兴。 Zhèi jiàn shì shǐ wǒmen hěn gāoxìng.
このことは私たちをよろこばせてくれた。

7 **为** wèi

・…に、…のために
你应该为你爸爸想想。 Nǐ yīnggāi wèi nǐ bàba xiǎngxiang.
あなたはお父さんのために考えるべきだ。

8 **为了** wèile

・…のために
为了学好汉语，他去中国了。 Wèile xuéhǎo Hànyǔ, tā qù Zhōngguó le. 中国語をマスターするために、彼は中国に行った。

连　词（接続詞）

CD 35

1 **除了** chúle

・…を除く

除了李明以外，他们都是北京人。 Chúle Lǐ Míng yǐwài, tāmen dōu shì Běijīngrén. 李明さんを除いて、彼らはみな北京の人だ。

2 **而且** érqiě

・しかも

这东西很便宜，而且很好用。 Zhè dōngxi hěn piányi, érqiě hěn hǎo yòng. この品物はとても安いし、しかも使いやすい。

3 **还是** háishi

・それとも

你买这个还是买那个？ Nǐ mǎi zhèige háishi mǎi nèige?
あなたはこれを買いますか、それともそれを買いますか。

4 **或者*** huòzhě

・あるいは

星期六或者星期天都行。 Xīngqīliù huòzhě xīngqītiān dōu xíng.
土曜日か日曜日ならどちらも大丈夫です。

5 **然后** ránhòu

・そのあと

你先吃完饭，然后再告诉我。 Nǐ xiān chīwán fàn, ránhòu zài gàosu wǒ. あなたは先にご飯を食べてから私に教えてください。

6 **如果** rúguǒ

・もし…ならば

如果我有钱，我就去中国旅游。 Rúguǒ wǒ yǒu qián, wǒ jiù qù Zhōngguó lǚyóu. もしお金があったら、私は中国に旅行する。

7 **虽然** suīrán

・…けれど

虽然他很忙，但是他每天都学习汉语。
Suīrán tā hěn máng, dànshì tā měitiān dōu xuéxí Hànyǔ.
彼はとても忙しいが、毎日中国語を勉強している。

＊本書では“或者”を副詞と接続詞に入れる。

其　他（その他）

CD 36

1 **啊**
ā

・ああ
啊，我们太幸福了啊。 Ā, wǒmen tài xìngfú le a.
ああ、私たちはとっても幸せだなあ。

2 **东**
dōng

・東
我们向东走吧。 Wǒmen xiàng dōng zǒu ba.
私たちは東へ行きましょう。

3 **南**
nán

・南
他在南门等你。 Tā zài nán mén děng nǐ.
彼は南の門であなたを待っている。

4 **西**
xī

・西
超市在西门旁边。 Chāoshì zài xī mén pángbiān.
スーパーは西の門のそばにある。

5 **一点(儿)***
yìdiǎn(r)

・少し
给我一点儿时间。 Gěi wǒ yìdiǎnr shíjiān.
少し時間をください。

＊「大綱」には“一点儿”はないが、本書では「その他」に入れる。
※「大綱」には“北方”（３級）はあるが、“北”はない。

4級

名　词（名　詞）

CD 37

1 **爱情** àiqíng

・爱情

你对她的爱情，她不可能不知道。

Nǐ duì tā de àiqíng, tā bù kěnéng bù zhīdao.

あなたの彼女に対する愛を彼女が知らないなどありえない。

---

2 **笔记本** bǐjìběn

・ノート

他把老师的话都写在笔记本上了。 Tā bǎ lǎoshī de huà dōu xiě zài bǐjìběn shang le. 彼は先生の話したことを全部ノートに書いた。

---

3 **标准** biāozhǔn

・標準、基準

这个标准对我们来说太高了。 Zhèige biāozhǔn duì wǒmen lái shuō tài gāo le. この基準は私たちにとっては高すぎる。

---

4 **表格** biǎogé

・フォーム、申請用紙

那份表格你写好了吗？ Nèi fèn biǎogé nǐ xiěhǎo le ma?

あの申請用紙に書き終わりましたか。

---

5 **饼干** bǐnggān

・クッキー、ビスケット

你会做饼干吗？ Nǐ huì zuò bǐnggān ma?

あなたはクッキーを作れますか。

---

6 **博士** bóshì

・博士

她想找一个博士的丈夫。 Tā xiǎng zhǎo yí ge bóshì de zhàngfu.

彼女は博士のだんなさんを探したいと思っている。

---

7 **部分** bùfen

・部分

这篇文章好是好，不过最后这部分太突然了。 Zhèi piān wénzhāng hǎo shì hǎo, búguò zuìhòu zhèi bùfen tài tūrán le.

この文章はいいことはいいが、最後のこの部分が唐突だ。

---

8 **材料** cáiliào

・材料

材料都买好了，你来做吧。 Cáiliào dōu mǎihǎo le, nǐ lái zuò ba.

材料は全部買ってきたから、あなたが作ってください。

9 **长城**
Chángchéng

・万里の長城
你去过长城吗？　Nǐ qùguo Chángchéng ma?
あなたは万里の長城に行ったことがありますか。

10 **长江**
Cháng Jiāng

・長江、揚子江
长江看起来很像海。　Cháng Jiāng kànqǐlái hěn xiàng hǎi.
長江は見た感じでは海のようだ。

11 **传真**
chuánzhēn

・ファクシミリ
现在已经很少人用传真了。　Xiànzài yǐjīng hěn shǎo rén yòng chuánzhēn le. ファックスを使う人は今はもう少なくなった。

12 **窗户**
chuānghu

・窓
你打开窗户吧。　Nǐ dǎkāi chuānghu ba.
窓を開けてください。

13 **词典**
cídiǎn

・辞書
现在的学生都用电子词典了。　Xiànzài de xuésheng dōu yòng diànzǐ cídiǎn le. 今の学生はみな電子辞書を使うようになった。

14 **答案**
dá'àn

・答案
这个问题的答案你想出来了吗？　Zhèige wèntí de dá'àn nǐ xiǎngchūlai le ma? この問題の答えを思いつきましたか。

15 **大使馆**
dàshǐguǎn

・大使館
你知道日本大使馆在哪儿吗？　Nǐ zhīdao Rìběn dàshǐguǎn zài nǎr ma? あなたは日本大使館がどこにあるか知っていますか。

16 **代表**
dàibiǎo

・代表
你们的代表来了吗？　Nǐmen de dàibiǎo lái le ma?
あなた方の代表は来ましたか。

17 **大夫**
dàifu

・医者
你的病大夫怎么说？　Nǐ de bìng dàifu zěnme shuō?
あなたの病気を医者はなんと言っていましたか。

18 **当地**
dāngdì

・当地
我们得尊重当地的文化。　Wǒmen děi zūnzhòng dāngdì de wénhuà. われわれはその地方の文化を尊重すべきだ。

19 **当时**
dāngshí

・**当時**
当时你怎么不问问她？ Dāngshí nǐ zěnme bú wènwen tā?
あの時あなたはなぜ彼女に聞かなかったのか。

20 **刀**
dāo

・**刀、包丁**
这儿有刀，你小心。 Zèr yǒu dāo, nǐ xiǎoxīn.
ここに包丁があるから気をつけて。

21 **导游**
dǎoyóu

・**旅行のガイド**
你们的导游很不错。 Nǐmen de dǎoyóu hěn búcuò.
あなた方のガイドさんはすばらしい。

22 **底**
dǐ

・**底、末**
他这个月底来日本。 Tā zhèige yuèdǐ lái Rìběn.
彼は今月末日本に来る。

・**下**
他坐在树底下休息。 Tā zuòzài shù dǐxià xiūxi.
彼は木の下で休んでいる。

23 **地球**
dìqiú

・**地球**
大家都是住在这个地球的朋友。 Dàjiā dōu shì zhùzài zhèige dìqiú de péngyou. みんなはこの地球に住んでいる友達だ。

24 **地址**
dìzhǐ

・**住所**
你能告诉我你的地址吗？ Nǐ néng gàosu wǒ nǐ de dìzhǐ ma?
私にあなたの住所を教えてくれませんか。

25 **动作**
dòngzuò

・**動作**
他的动作很奇怪，大家都笑了。 Tā de dòngzuò hěn qíguài, dàjiā dōu xiào le. 彼の行動は変なので、みな笑った。

26 **肚子**
dùzi

・**お腹**
我肚子有点儿不舒服。 Wǒ dùzi yǒudiǎnr bù shūfu.
私はお腹の調子があまりよくない。

27 **对话**
duìhuà

・**対話**
他们的对话你听得懂吗？ Tāmen de duìhuà nǐ tīngdedǒng ma?
彼らの話をあなたは聞いてわかりますか。

28 **对面**
duìmiàn

・**向かい**
坐在你对面的那个人是谁？ Zuòzài nǐ duìmiàn de nèige rén shì shéi? あなたの向かいに座っているあの人は誰ですか。

---

29 **儿童**
értóng

・**児童**
大人应该照顾儿童。 Dàrén yīnggāi zhàogù értóng.
大人は児童の世話をすべきだ。

---

30 **法律**
fǎlǜ

・**法律**
我对中国的法律不太清楚。 Wǒ duì Zhōngguó de fǎlǜ bú tài qīngchu. 私は中国の法律にあまり詳しくない。

---

31 **范围**
fànwéi

・**範囲**
这次考试范围太大了。 Zhèi cì kǎoshì fànwéi tài dà le.
このたびの試験の範囲は広すぎる。

---

32 **方法**
fāngfǎ

・**方法**
你有什么好方法吗？ Nǐ yǒu shénme hǎo fāngfǎ ma?
あなたは何かいい方法がありますか。

---

33 **方面**
fāngmiàn

・**方面**
语法方面的问题你去问李老师吧。
Yǔfǎ fāngmiàn de wèntí nǐ qù wèn Lǐ lǎoshī ba.
文法方面の問題は李先生に聞きに行ってください。

---

34 **方向**
fāngxiàng

・**方向**
我们往这个方向走吧。 Wǒmen wǎng zhèige fāngxiàng zǒu ba.
私たちはこちらの方向に行きましょう。

---

35 **风景**
fēngjǐng

・**景色**
这儿的风景特别漂亮。 Zhèr de fēngjǐng tèbié piàoliang.
ここの景色は格別美しい。

---

36 **父亲**
fùqīn

・**父親**
他父亲对他很严格。 Tā fùqīn duì tā hěn yángé.
彼の父親は彼にとても厳しい。

---

37 **感情**
gǎnqíng

・**感情**
他们兄弟的感情很不错。 Tāmen xiōngdì de gǎnqíng hěn búcuò.
彼ら兄弟は仲がいい。

38 **个子**
gèzi

・**身長**
我个子没有他高。 Wǒ gèzi méiyǒu tā gāo.
私の身長は彼ほど高くない。

39 **工具**
gōngjù

・**道具**
电脑也是一种工具吧。 Diànnǎo yě shì yì zhǒng gōngjù ba.
パソコンは一種の道具でもあるだろう。

40 **工资**
gōngzī

・**給料**
你一个月的工资多少? Nǐ yí ge yuè de gōngzī duōshao?
あなたの月給はいくらですか。

41 **顾客**
gùkè

・**(店の)お客さん**
对顾客要有礼貌。 Duì gùkè yào yǒu lǐmào.
客には礼儀正しくしなければならない。

42 **关键**
guānjiàn

・**キーポイント**
这个问题的关键在哪儿? Zhèige wèntí de guānjiàn zài nǎr?
この問題のキーポイントはどこにありますか。

43 **观众**
guānzhòng

・**観衆**
今天这场电影的观众不多。 Jīntiān zhèi chǎng diànyǐng de guānzhòng bù duō. 今日この映画の観客は多くなかった。

44 **光**
guāng

・**光**
今晚的月光很亮。 Jīnwǎn de yuèguāng hěn liàng.
今晩、月の光はとても明るい。

45 **广告**
guǎnggào

・**広告**
这份报纸的广告太多了。 Zhèi fèn bàozhǐ de guǎnggào tài duō le. この新聞は広告が多すぎる。

46 **规定**
guīdìng

・**規定**
这条规定你觉得怎么样? Zhèi tiáo guīdìng nǐ juéde zěnmeyàng?
この規定をあなたはどう思いますか。

47 **国际**
guójì

・**国際**
我觉得国际交流很重要。 Wǒ juéde guójì jiāoliú hěn zhòngyào.
私は国際交流はとても重要だと思う。

48 过程
guòchéng

・過程
学习过程中一定有很多困难。 Xuéxí guòchéng zhōng yídìng yǒu hěn duō kùnnan. 勉学の過程には必ず多くの困難がある。

49 海洋
hǎiyáng

・海洋
大家得关心海洋污染问题。 Dàjiā děi guānxīn hǎiyáng wūrǎn wèntí. みんな海洋汚染問題を気にかけるべきだ。

50 寒假
hánjià

・冬休み
寒假你想去留学吗? Hánjià nǐ xiǎng qù liúxué ma?
冬休みにあなたは留学したいですか。

51 汗
hàn

・汗
天气太热了，我一直流汗。 Tiānqì tài rè le, wǒ yìzhí liú hàn.
大変暑いので、私はずっと汗をかいている。

52 航班
hángbān

・飛行機の便
你坐的航班是几点的? Nǐ zuò de hángbān shì jǐ diǎn de?
あなたが乗るのは何時の便ですか。

53 好处
hǎochu

・いい所
这个方法有什么好处? Zhèige fāngfǎ yǒu shénme hǎochu?
この方法はどんな良いところがあるのですか。

54 号码
hàomǎ

・番号
你的房间号码是多少? Nǐ de fángjiān hàomǎ shì duōshao?
あなたの部屋は何号室ですか。

55 盒子
hézi

・箱
这个盒子有什么特别吗? Zhèige hézi yǒu shénme tèbié ma?
この箱は何か特別なところがあるのですか。

56 猴子
hóuzi

・猿
那个公园里有很多猴子。 Nèige gōngyuán li yǒu hěn duō hóuzi.
あの公園にはたくさん猿がいる。

57 后来
hòulái

・その後
他后来出国了。 Tā hòulái chūguó le.
彼はその後国を出た。

58 **护士**
hùshi
・看護師
她妈妈是一个护士。 Tā māma shì yí ge hùshi.
彼女のお母さんは看護師だ。

59 **回忆**[*1]
huíyì
・思い出
美好的回忆很难忘记。 Měihǎo de huíyì hěn nán wàngjì.
美しい思い出はなかなか忘れられない。

60 **活动**
huódòng
・活動
你在大学参加过什么课外活动?
Nǐ zài dàxué cānjiāguo shénme kèwài huódòng?
あなたは大学でどんなクラブ活動をしたことがあるの？

61 **火**[*2]
huǒ
・火
小孩子不能玩火。 Xiǎoháizi bù néng wán huǒ.
子供は火遊びをしてはいけない。

62 **基础**
jīchǔ
・基礎
他的汉语基础很不错。 Tā de Hànyǔ jīchǔ hěn búcuò.
彼の中国語は基礎がすばらしい。

63 **计划**
jìhuà
・計画
你今年有什么新计划? Nǐ jīnnián yǒu shénme xīn jìhuà?
あなたは今年どんな新しい計画がありますか。

64 **技术**
jìshù
・技術
日本的科学技术相当好。 Rìběn de kēxué jìshù xiāngdāng hǎo.
日本の科学技術はかなりいい。

65 **记者**
jìzhě
・記者
记者问了他很多问题。 Jìzhě wènle tā hěn duō wèntí.
記者は彼に多くの質問をした。

66 **家具**
jiājù
・家具
他家没有什么家具。 Tā jiā méiyǒu shénme jiājù.
彼の家には家具があまりない。

67 **加油站**
jiāyóuzhàn
・ガソリンスタンド
到那个加油站去加油吧。 Dào nèige jiāyóuzhàn qù jiā yóu ba.
あのガソリンスタンドで給油しましょう。

68 价格
jiàgé

・価格
这些假药的价格这么贵。 Zhèixiē jiǎyào de jiàgé zhème guì.
これらの偽薬の値段はこんなに高い。

69 将来
jiānglái

・将来
你将来想做什么？ Nǐ jiānglái xiǎng zuò shénme?
あなたは将来何をしたいですか。

70 奖金
jiǎngjīn

・賞金
这个月我们都没拿到奖金。 Zhèige yuè wǒmen dōu méi nádào jiǎngjīn. 今月私たちはともに賞金を得られなかった。

71 交通
jiāotōng

・交通
东京的交通很方便。 Dōngjīng de jiāotōng hěn fāngbiàn.
東京の交通はとても便利だ。

72 饺子
jiǎozi

・餃子
你吃过李健包的饺子吗？ Nǐ chīguo Lǐ Jiàn bāo de jiǎozi ma?
あなたは李健さんの作った餃子を食べたことがありますか。

73 教授
jiàoshòu

・教授
刘教授的专业是日本文化。 Liú jiàoshòu de zhuānyè shì Rìběn wénhuà. 劉先生の専門は日本文化です。

74 教育
jiàoyù

・教育
家庭教育比学校教育重要得多。 Jiātíng jiàoyù bǐ xuéxiào jiàoyù zhòngyào de duō. 家庭教育の方が学校教育よりずっと重要だ。

75 结果
jiéguǒ

・結果
那个问题的结果让人非常失望。 Nèige wèntí de jiéguǒ ràng rén fēicháng shīwàng. あの問題の結果にとても人はがっかりした。

76 经济
jīngjì

・経済
最近全世界的经济情况都不太好。 Zuìjìn quánshìjiè de jīngjì qíngkuàng dōu bú tài hǎo. 最近世界的に経済状況は芳しくない。

77 经验
jīngyàn

・経験
教学不但要有能力，经验也很重要。
Jiàoxué búdàn yào yǒu nénglì, jīngyàn yě hěn zhòngyào.
教育は能力だけでなく、経験もとても大切だ。

78 京剧
jīngjù
・京劇
我在日本看过京剧。 Wǒ zài Rìběn kànguo jīngjù.
私は日本で京劇を見たことがある。

79 精神
jīngshén
・精神
他那种认真负责的精神很感动人。
Tā nèi zhǒng rènzhēn fùzé de jīngshén hěn gǎndòng rén.
彼のまじめに責任を負うという精神は人を感動させる。

80 警察
jǐngchá
・警察
警察来了，快走吧。 Jǐngchá lái le, kuài zǒu ba.
警察が来た、早く行こう。

81 镜子
jìngzi
・鏡
你还是用自己的镜子吧。 Nǐ háishi yòng zìjǐ de jìngzi ba.
あなたはやはり自分の鏡を使ってください。

82 距离
jùlí
・距離
师生的距离越短越好吗？ Shīshēng de jùlí yuè duǎn yuè hǎo ma?
先生と学生の距離は短ければ短いほどいいですか。

83 看法
kànfǎ
・見方
你有你的看法，我有我的看法。
Nǐ yǒu nǐ de kànfǎ, wǒ yǒu wǒ de kànfǎ.
あなたにはあなたの考え方があり、私には私の考え方がある。

84 科学[*3]
kēxué
・科学
他很喜欢研究一些科学问题。
Tā hěn xǐhuan yánjiū yìxiē kēxué wèntí.
彼は科学の問題を研究するのが好きだ。

85 空气
kōngqì
・空気
早晨的空气很新鲜。 Zǎochén de kōngqì hěn xīnxiān.
朝の空気はとても新鮮だ。

86 困难
kùnnan
・困難
我们不应该向困难低头。 Wǒmen bù yīnggāi xiàng kùnnan dītóu.
私たちは困難に負けてはいけない。

87 垃圾桶
lājītǒng
・ゴミ箱
那个地方到处都有垃圾桶。 Nèige dìfang dàochù dōu yǒu lājītǒng.
あそこには至る所にゴミ箱がある。

88 **老虎**
lǎohǔ

・虎
我只在动物园看过老虎。 Wǒ zhǐ zài dòngwùyuán kànguo lǎohǔ.
私は虎は動物園でしか見たことがない。

89 **礼貌**
lǐmào

・礼儀
那些大学生很有礼貌。 Nèixiē dàxuéshēng hěn yǒu lǐmào.
それらの大学生はとても礼儀正しい。

90 **理想**[*4]
lǐxiǎng

・理想
你的理想是不是太高了？ Nǐ de lǐxiǎng shì bu shì tài gāo le?
あなたの理想は高すぎませんか。

91 **力气**
lìqi

・力
我没有力气跟他多说。 Wǒ méiyǒu lìqi gēn tā duō shuō.
私はこれ以上彼と話す力がない。

92 **律师**
lǜshī

・弁護士
当一个好律师不容易。 Dāng yí ge hǎo lǜshī bù róngyì.
いい弁護士になるのは容易ではない。

93 **毛巾**
máojīn

・タオル
这条毛巾洗了没有？ Zhèi tiáo máojīn xǐle méiyǒu?
このタオルは洗いましたか。

94 **梦**
mèng

・夢
梦总是很美丽的吗？ Mèng zǒngshì hěn měilì de ma?
夢はいつも美しいものですか。

95 **密码**
mìmǎ

・パスワード
我常常忘了我的密码。 Wǒ chángcháng wàngle wǒ de mìmǎ.
私はいつもパスワードを忘れる。

96 **民族**
mínzú

・民族
中国有多少个少数民族？ Zhōngguó yǒu duōshao ge shǎoshù mínzú? 中国には少数民族がどのくらいありますか。

97 **母亲**
mǔqīn

・母親
你母亲会包饺子吗？ Nǐ mǔqīn huì bāo jiǎozi ma?
あなたのお母さんは餃子を作れますか。

98 **目的**
mùdì
・目的
你学习汉语的目的是什么？　Nǐ xuéxí Hànyǔ de mùdì shì shénme?
あなたが中国語を勉強する目的は何ですか。

99 **耐心**
nàixīn
・忍耐力
我没有耐心教他。　Wǒ méiyǒu nàixīn jiāo tā.
私は彼を教える忍耐力がない。

100 **内容**
nèiróng
・内容
这篇小说的内容怎么样？　Zhèi piān xiǎoshuō de nèiróng zěnmeyàng?
この小説の内容はどうですか。

101 **能力**
nénglì
・能力
他能力不错，可是不太努力。　Tā nénglì búcuò, kěshì bú tài nǔlì.
彼は能力は申し分ないのに、あまり努力しない。

102 **年龄**
niánlíng
・年齢
他年龄多大？　Tā niánlíng duō dà?
彼の年齢はいくつですか。

103 **农村**
nóngcūn
・農村
在农村，这个年龄早就结婚了。　Zài nóngcūn, zhèige niánlíng zǎojiù jiéhūn le. 農村ではこの年齢ではもう結婚している。

104 **皮肤**
pífū
・皮膚
她的皮肤保护得很好。　Tā de pífū bǎohù de hěn hǎo.
彼女の肌はとてもよくお手入れされている。

105 **脾气**
píqi
・気性、性格
她的脾气很好，从来不生气。　Tā de píqi hěn hǎo, cónglái bù shēngqì. 彼女は性格がよく、これまで怒ったことがない。

106 **乒乓球**
pīngpāngqiú
・卓球
他乒乓球打得很好。　Tā pīngpāngqiú dǎ de hěn hǎo.
彼は卓球が上手だ。

107 **平时**
píngshí
・普段
你平时在家吃日本菜吗？　Nǐ píngshí zài jiā chī Rìběncài ma?
あなたは普段家で日本料理を食べますか。

108 **瓶子**
píngzi

・ビン
那些饼干放在瓶子里了。 Nèixiē bǐnggān fàngzài píngzi li le.
あれらのクッキーはビンに入れてある。

---

109 **其次**
qícì

・その次
我最担心你，其次是你弟弟。 Wǒ zuì dānxīn nǐ, qícì shì nǐ dìdi.
私が一番心配なのはあなたで、次が弟さんだ。

---

110 **其中**
qízhōng

・その中
昨天来的客人很多，其中有不少外国人。
Zuótiān lái de kèrén hěn duō, qízhōng yǒu bùshǎo wàiguórén.
きのうはお客さんが多く、その中で外国人も少なくなかった。

---

111 **气候**
qìhòu

・気候
这个时候那儿的气候怎么样？ Zhèige shíhou nàr de qìhòu zěnmeyàng? 今頃あそこの気候はどうですか。

---

112 **签证**
qiānzhèng

・ビザ
现在不用签证能去中国旅游吗？
Xiànzài bú yòng qiānzhèng néng qù Zhōngguó lǚyóu ma?
今はビザがなくても中国旅行に行けますか。

---

113 **墙**
qiáng

・壁
墙上挂着我们全家的照片。 Qiángshang guàzhe wǒmen quánjiā de zhàopiàn. 壁に私の家族の写真がかけてある。

---

114 **桥**
qiáo

・橋
这座桥叫什么名字？ Zhèi zuò qiáo jiào shénme míngzi?
この橋は何という名前ですか。

---

115 **巧克力**
qiǎokèlì

・チョコレート
吃太多巧克力对身体不好。 Chī tài duō qiǎokèlì duì shēntǐ bù hǎo.
チョコレートを食べ過ぎるのは体によくない。

---

116 **亲戚**
qīnqi

・親戚
我亲戚都在北京。 Wǒ qīnqi dōu zài Běijīng.
私の親戚はみな北京にいる。

---

117 **情况**
qíngkuàng

・状況
日本最近的经济情况很不好。 Rìběn zuìjìn de jīngjì qíngkuàng hěn bù hǎo. 日本は最近経済状況がとても悪い。

118 **全部** quánbù

・全部
今天的作业我全部做完了。 Jīntiān de zuòyè wǒ quánbù zuòwán le.
今日の宿題はすべてやり終えた。

119 **缺点** quēdiǎn

・欠点
每个人都有优点和缺点。 Měi ge rén dōu yǒu yōudiǎn hé quēdiǎn.
誰でも長所と短所がある。

120 **人民币** Rénmínbì

・人民元
一万日元换多少人民币？ Yíwàn Rìyuán huàn duōshao Rénmínbì?
１万円は人民元に両替するといくらになりますか。

121 **任务** rènwu

・任務
政府的任务应该是提高人民的生活水平。
Zhèngfǔ de rènwu yīnggāi shì tígāo rénmín de shēnghuó shuǐpíng.
政府の任務は人民の生活水準を高めることだ。

122 **日记** rìjì

・日記
他天天用汉语写日记。 Tā tiāntiān yòng Hànyǔ xiě rìjì.
彼は毎日中国語で日記を書いている。

123 **入口** rùkǒu

・入り口
入口在那儿，从那儿进。 Rùkǒu zài nàr, cóng nàr jìn.
入り口はあそこです、あそこから入りましょう。

124 **森林** sēnlín

・森林
森林对海洋也很重要。 Sēnlín duì hǎiyáng yě hěn zhòngyào.
森林も海洋にとってとても重要だ。

125 **沙发** shāfā

・ソファ
那个沙发你多少钱买的？ Nèige shāfā nǐ duōshao qián mǎi de?
あのソファをあなたはいくらで買ったの？

126 **社会** shèhuì

・社会
社会上各种各样的人都有。 Shèhuì shang gè zhǒng gè yàng de rén dōu yǒu. 社会にはいろいろな人がいる。

127 **生活** shēnghuó

・生活
怎么样的生活才算有意义？ Zěnmeyàng de shēnghuó cái suàn yǒu yìyì? どのような生活なら有意義と言えるだろうか。

128 **生命**
shēngmìng

・**生命**
每个人的生命都是宝贵的。 Měi ge rén de shēngmìng dōu shì bǎoguì de. 誰の生命も尊いものだ。

129 **省**
shěng

・**省（日本の県にあたる）**
四川省比日本大吗？ Sìchuān shěng bǐ Rìběn dà ma?
四川省は日本より大きいですか。

130 **师傅**
shīfu

・**師匠**
你应该跟你的师傅好好儿学。 Nǐ yīnggāi gēn nǐ de shīfu hǎohāor xué. あなたは師匠についてちゃんと学ぶべきだ。

131 **狮子**
shīzi

・**ライオン**
狮子真的很厉害吗？ Shīzi zhēnde hěn lìhai ma?
ライオンは本当にすごいですか。

132 **实际***5
shíjì

・**実は、実際**
实际上这个问题不难。Shíjì shang zhèige wèntí bù nán.
実はこの問題は難しくない。

133 **食品**
shípǐn

・**食品**
这些食品都经过严格检查的。 Zhèixiē shípǐn dōu jīngguò yángé jiǎnchá de. これらの食品はどれも厳格な検査を経ている。

134 **市场**
shìchǎng

・**市場**
这种啤酒在国内市场卖得怎么样？
Zhèi zhǒng píjiǔ zài guónèi shìchǎng mài de zěnmeyàng?
このビールは国内市場の売れ行きはどうですか。

135 **世纪**
shìjì

・**世紀**
进入二十一世纪，最大的变化是什么？
Jìnrù èrshiyī shìjì, zuì dà de biànhuà shì shénme?
21 世紀に入って、最も大きな変化は何でしょうか。

136 **收入**
shōurù

・**収入**
他的收入不算高，但是生活很不错。
Tā de shōurù bú suàn gāo, dànshì shēnghuó hěn búcuò.
彼の収入は多くないが生活はとてもよい。

137 **首都**
shǒudū

・**首都**
中国的首都是北京。 Zhōngguó de shǒudū shì Běijīng.
中国の首都は北京だ。

138 **售货员** shòuhuòyuán

・店員、販売員

那些售货员的服务态度很好。 Nèixiē shòuhuòyuán de fúwù tàidu hěn hǎo. あの店員たちの接客態度はとてもいい。

139 **数量** shùliàng

・数量

那些商品数量达到标准了，质量怎么样?

Nèixiē shāngpǐn shùliàng dádào biāozhǔn le, zhìliàng zěnmeyàng?

あれらの商品は量的には基準に達していますが、質はどうですか。

140 **数字** shùzì

・数字

中国人喜欢“八”这个数字。 Zhōngguórén xǐhuan “bā” zhèige shùzì.

中国人は８という数字が好きだ。

141 **顺序** shùnxù

・順序

做什么事都得注意顺序。 Zuò shénme shì dōu děi zhùyì shùnxù.

何をするにしても順序に気をつけなければならない。

142 **硕士** shuòshì

・修士

你在硕士课程时，研究什么问题?

Nǐ zài shuòshì kèchéng shí, yánjiū shénme wèntí?

あなたは修士課程のとき、どんな問題を研究しましたか。

143 **速度** sùdù

・速度

她工作速度很快。 Tā gōngzuò sùdù hěn kuài.

彼女は仕事がとても速い。

144 **塑料袋** sùliàodài

・ビニール袋

把这些垃圾放进这个塑料袋里吧。

Bǎ zhèixiē lājī fàngjìn zhèige sùliàodài li ba.

これらのゴミをこのビニール袋に入れてください。

145 **孙子** sūnzi

・孫

两个老人天天忙着照顾孙子。 Liǎng ge lǎorén tiāntiān mángzhe zhàogù sūnzi. ２人の老人は毎日孫の世話に忙しい。

146 **态度** tàidu

・態度

他说话的态度很有礼貌。 Tā shuōhuà de tàidu hěn yǒu lǐmào.

彼の話すときの態度はとても礼儀正しい。

147 **汤**
tāng

・スープ
这个汤很不错，你尝尝。 Zhèige tāng hěn búcuò, nǐ chángchang.
このスープはとてもおいしい、味わってみて。

148 **特点**
tèdiǎn

・特徴
汉语有什么特点？ Hànyǔ yǒu shénme tèdiǎn?
中国語にはどんな特徴がありますか。

149 **条件**
tiáojiàn

・条件
你的工作条件不错啊。 Nǐ de gōngzuò tiáojiàn búcuò a.
あなたの仕事の条件はいいですね。

150 **袜子**
wàzi

・靴下
那双袜子还没洗。 Nèi shuāng wàzi hái méi xǐ.
あの靴下はまだ洗っていない。

151 **网球**
wǎngqiú

・テニス
他一个星期打一次网球。 Tā yí ge xīngqī dǎ yí cì wǎngqiú.
彼は 1 週間に 1 回テニスをする。

152 **网站**
wǎngzhàn

・サイト
你查一下那家公司的网站吧。 Nǐ chá yíxià nèi jiā gōngsī de wǎngzhàn ba. あの会社のサイトをちょっと調べてください。

153 **味道**
wèidào

・味
这个菜的味道怎么样？ Zhèige cài de wèidào zěnmeyàng?
この料理の味はどうですか。

154 **温度**
wēndù

・温度
空调的温度不好太低也不好太高。
Kōngtiáo de wēndù bù hǎo tài dī yě bù hǎo tài gāo.
エアコンの温度は低すぎても高すぎてもよくない。

155 **文章**
wénzhāng

・文章
要写好文章得多看书。 Yào xiě hǎo wénzhāng děi duō kàn shū.
いい文章を書くには本をたくさん読まなければならない。

156 **西红柿**
xīhóngshì

・トマト
我喜欢吃西红柿。 Wǒ xǐhuan chī xīhóngshì.
私はトマトが好きだ。

157 **洗衣机**
xǐyījī

・洗濯機
现在洗衣机很便宜了。 Xiànzài xǐyījī hěn piányi le.
今洗濯機はとても安くなった。

158 **现代**
xiàndài

・現代
现代人的生活太紧张了。 Xiàndàirén de shēnghuó tài jǐnzhāng le.
現代人の生活はとても緊張している。

159 **消息**
xiāoxi

・消息、音信
最近没有他的消息。 Zuìjìn méiyǒu tā de xiāoxi.
最近彼の音信がない。

160 **小说**
xiǎoshuō

・小説
我有时间就看小说。 Wǒ yǒu shíjiān jiù kàn xiǎoshuō.
私は時間があれば小説を読む。

161 **效果**
xiàoguǒ

・効果
吃这个药，有没有效果？ Chī zhèige yào, yǒu méiyǒu xiàoguǒ?
この薬を飲んだら効果がありますか。

162 **笑话**
xiàohua

・笑い話
各个国家都有自己的笑话。 Gè ge guójiā dōu yǒu zìjǐ de xiàohuà.
各国にはそれぞれ笑い話がある。

163 **血**[*6]
xiě、xuè

・血
这儿怎么会有血？ Zhèr zěnme huì yǒu xiě?
ここになぜ血があるの？

他是个热血青年。 Tā shì ge rèxuè qīngnián.
彼は熱血な青年だ。

164 **心情**
xīnqíng

・気持ち
这几天我的心情很乱。 Zhè jǐ tiān wǒ de xīnqíng hěn luàn.
この何日か私の気持ちはとても落ち着かない。

165 **信心**
xìnxīn

・自信
做这个工作，我完全没有信心。 Zuò zhèige gōngzuò, wǒ wánquán méiyǒu xìnxīn. 私はこの仕事をする自信が全くない。

166 **信用卡**
xìnyòngkǎ

・**クレジットカード**
你别用信用卡买东西。 Nǐ bié yòng xìnyòngkǎ mǎi dōngxi.
クレジットカードで買い物をしないで。

167 **性别**
xìngbié

・**性別**
能力跟性别有关系吗？ Nénglì gēn xìngbié yǒu guānxi ma?
能力と性別は関係がありますか。

168 **性格**
xìnggé

・**性格**
你们的性格不能在一起工作。
Nǐmen de xìnggé bù néng zài yìqǐ gōngzuò.
あなた方の性格では一緒に仕事することはできない。

169 **幸福**
xìngfú

・**幸福**
我觉得我已经很幸福了。 Wǒ juéde wǒ yǐjīng hěn xìngfú le.
私はもうとても幸福だと思う。

170 **压力**
yālì

・**圧力**
现代人的病都是精神压力来的。
Xiàndàirén de bìng dōu shì jīngshén yālì lái de.
現代人の病はみなストレスから来るものだ。

171 **牙膏**
yágāo

・**歯磨き**
你用什么牙膏刷牙？ Nǐ yòng shénme yágāo shuāyá?
あなたはどんな歯磨きで歯を磨いているの？

172 **亚洲**
Yàzhōu

・**アジア**
日本是亚洲经济发展最快的国家吗？
Rìběn shì Yàzhōu jīngjì fāzhǎn zuì kuài de guójiā ma?
日本はアジアで最も経済の発展が早い国ですか。

173 **盐**
yán

・**塩**
这个菜是不是放太多盐了？ Zhèige cài shì bu shì fàng tài duō yán le? この料理は塩が多すぎませんか。

174 **研究生**
yánjiūshēng

・**大学院生**
我们大学的研究生都是留学生。 Wǒmen dàxué de yánjiūshēng dōu shì liúxuéshēng. 私たちの大学の院生はみな留学生だ。

175 **演员**
yǎnyuán

・**俳優**
那些演员都很优秀。 Nèixiē yǎnyuán dōu hěn yōuxiù.
あれらの俳優はみなとても優秀だ。

176 **阳光** yángguāng
・日光
有些植物不一定要阳光。 Yǒuxiē zhíwù bù yídìng yào yángguāng.
一部の植物は必ずしも日光が必要ではない。

177 **样子** yàngzi
・様子
今天他好像很累的样子。 Jīntiān tā hǎoxiàng hěn lèi de yàngzi.
今日彼はとても疲れているようだ。

178 **钥匙** yàoshi
・鍵
我的自行车的钥匙不见了。 Wǒ de zìxíngchē de yàoshi bú jiàn le.
私の自転車の鍵がなくなった。

179 **叶子** yèzi
・葉
冬天了，公园里的树的叶子都掉光了。
Dōngtiān le, gōngyuán li de shù de yèzi dōu diào guāng le.
冬になって、公園の中の木の葉はみな落ちた。

180 **意见** yìjiàn
・意見
我的意见不一定对。 Wǒ de yìjiàn bù yídìng duì.
私の意見が正しいとは限らない。

181 **艺术** yìshù
・芸術
文学是一种很重要的艺术。 Wénxué shì yì zhǒng hěn zhòngyào de yìshù. 文学は一種のとても重要な芸術だ。

182 **饮料** yǐnliào
・飲み物
你想喝什么饮料？ Nǐ xiǎng hē shénme yǐnliào?
あなたはどんな飲み物が飲みたいですか。

183 **印象** yìnxiàng
・印象
你对他的第一印象怎么样？ Nǐ duì tā de dì-yī yìnxiàng zěnmeyàng?
あなたの彼に対する第一印象はどうですか。

184 **优点** yōudiǎn
・よい点
我们还是多看别人的优点吧。
Wǒmen háishi duō kàn biéren de yōudiǎn ba.
私たちはやはり他の人の長所をよく見るようにしましょう。

185 **友谊** yǒuyì
・友情
他们的友谊真令人羡慕。 Tāmen de yǒuyì zhēn lìng rén xiànmù.
彼らの友情をみなうらやましがっている。

186 **语法**
yǔfǎ

・**文法**
现在很多学生不爱学习语法。 Xiànzài hěn duō xuésheng bú ài xuéxí yǔfǎ. 今多くの学生が文法の学習が好きではない。

187 **语言**
yǔyán

・**言語**
他会说几种语言？ Tā huì shuō jǐ zhǒng yǔyán?
彼は何種類の外国語を話せるのですか。

188 **羽毛球**
yǔmáoqiú

・**バドミントン**
你喜欢打羽毛球吗？ Nǐ xǐhuan dǎ yǔmáoqiú ma?
あなたはバドミントンが好きですか。

189 **原来**
yuánlái

・**なるほど**
原来他是你哥哥，为什么不早说？
Yuánlái tā shì nǐ gēge, wèishénme bù zǎo shuō?
なるほど彼はあなたのお兄さんですか。なぜ早く言わないの？

190 **原因**
yuányīn

・**原因**
这个问题的原因是什么？ Zhèige wèntí de yuányīn shì shénme?
この問題の原因は何ですか。

191 **约会**
yuēhuì

・**デート**
今晚她跟她男朋友有约会。 Jīnwǎn tā gēn tā nánpéngyou yǒu yuēhuì. 今晩彼女はボーイフレンドとデートだ。

192 **杂志**
zázhì

・**雑誌**
有些杂志的报道不一定能相信。
Yǒuxiē zázhì de bàodào bù yídìng néng xiāngxìn.
一部の雑誌の報道は必ずしも信じられない。

193 **暂时**
zànshí

・**しばらく**
你暂时在家休息吧，哪儿也别去。
Nǐ zànshí zài jiā xiūxi ba, nǎr yě bié qù.
あなたはしばらく家で休んで、どこへも行かないで。

194 **责任**
zérèn

・**責任**
做父母的有责任教育好孩子。
Zuò fùmǔ de yǒu zérèn jiàoyù hǎo háizi.
親は子供をちゃんと教育する責任があるということだ。

195 知识
zhīshi

・知識
多看书才能提高知识。 Duō kàn shū cái néng tígāo zhīshi.
本をたくさん読んでこそ知識を増やすことができる。

196 植物
zhíwù

・植物
植物也是有生命的。 Zhíwù yě shì yǒu shēngmìng de.
植物も命があるのだ。

197 职业
zhíyè

・職業
你父亲的职业是什么？ Nǐ fùqīn de zhíyè shì shénme?
あなたのお父さんの職業は何ですか。

198 质量
zhìliàng

・質
这些茶的质量怎么样？ Zhèixiē chá de zhìliàng zěnmeyàng?
これらのお茶の品質はどうですか。

199 中文
Zhōngwén

・中国語
这些中文书在哪儿买的？ Zhèixiē Zhōngwénshū zài nǎr mǎi de?
これらの中国語の本はどこで買ったのですか。

200 重点
zhòngdiǎn

・重点
那个问题的重点在哪儿？ Nèige wèntí de zhòngdiǎn zài nǎr?
あの問題の重点はどこにありますか。

201 周围
zhōuwéi

・周囲
我家周围的环境很不错。 Wǒ jiā zhōuwéi de huánjìng hěn búcuò.
我が家の周りの環境はとてもよい。

202 猪
zhū

・豚
猪肉我能吃，羊肉我不能吃。 Zhū ròu wǒ néng chī, yáng ròu wǒ bù néng chī. 私は豚肉は食べられるが、羊の肉は食べられない。

203 主意
zhǔyi

・アイデア、考え
我没有什么好主意。 Wǒ méiyǒu shénme hǎo zhǔyi.
私はいいアイデアが何もない。

204 专业
zhuānyè

・専攻
他在大学的专业是什么？ Tā zài dàxué de zhuānyè shì shénme?
彼の大学の専門は何ですか。

205 **组织** zǔzhī

・**組織**

你了解这个组织的情况吗？ Nǐ liǎojiě zhèige zǔzhī de qíngkuàng ma? あなたはこの組織の状況を理解していますか。

206 **嘴** zuǐ

・**口**

你别多嘴了。 Nǐ bié duō zuǐ le.

あなたは口を慎みなさい。

207 **最后** zuìhòu

・**最後**

我给你最后一次机会。 Wǒ gěi nǐ zuìhòu yí cì jīhuì.

最後のチャンスをあげる。

208 **座位** zuòwèi

・**座席**

这是你的座位。 Zhè shì nǐ de zuòwèi.

これはあなたの席です。

209 **作者** zuòzhě

・**作者**

听说这本小说的作者才二十岁。

Tīngshuō zhèi běn xiǎoshuō de zuòzhě cái èrshí suì.

この小説の作者はわずか 20 歳だそうだ。

＊1　本書では“回忆”を名詞と動詞に入れる。

＊2、3、4、5　本書では“火”“科学”“理想”“实际”を名詞と形容詞に入れる。

＊6 「大綱」は“xuè”しかないが、単独で用いる時は“xiě”と発音することが多いので、ここに追加する。

动　词（動　詞）

CD 38

1 **安排**
āndpái

・段取りをつける、手配する
明天会议的事，你都安排好了吗？
Míngtiān huìyì de shì, nǐ dōu ānpái hǎo le ma?
明日の会議のことをあなたはちゃんと手配しましたか。

2 **包括**
bāokuò

・含む
这些钱不包括他给的。 Zhèixiē qián bù bāokuò tā gěi de.
これらのお金は彼がくれたものを含まない。

3 **保护**
bǎohù

・保護する
我们大家都得保护环境。 Wǒmen dàjiā dōu děi bǎohù huánjìng.
私たちはみな環境を守らなければならない。

4 **保证**
bǎozhèng

・保証する
你去中国留学，我保证你的汉语一定会进步。
Nǐ qù Zhōngguó liúxué, wǒ bǎozhèng nǐ de Hànyǔ yídìng huì jìnbù.
あなたが中国に留学するなら、中国語が必ず上達することを保証する。

5 **抱**
bào

・抱く
母亲抱起孩子，孩子就不哭了。 Mǔqīn bàoqǐ háizi, háizi jiù bù kū le. 母親が子供を抱き上げると、子供はすぐ泣き止んだ。

6 **报道**
bàodào

・報道する
今天报纸报道，日元又要下降了。
Jīntiān bàozhǐ bàodào, Rìyuán yòu yào xiàjiàng le.
今日の新聞の報道では、日本円がまた下がった。

7 **报名**
bàomíng

・申し込む
这次翻译比赛，你报名了吗？ Zhèi cì fānyì bǐsài, nǐ bàomíng le ma? 今回の翻訳大会にあなたは申し込みましたか。

8 **毕业**
bìyè

・**卒業する**
你什么时候大学毕业？ Nǐ shénme shíhou dàxué bìyè?
あなたはいつ大学を卒業しますか。

---

9 **表达**
biǎodá

・**表現する**
我不知道怎么表达对你的感谢。
Wǒ bù zhīdao zěnme biǎodá duì nǐ de gǎnxiè.
私はあなたにどう感謝していいかわからない。

---

10 **表扬**
biǎoyáng

・**ほめる**
老师常常表扬我们。 Lǎoshī chángcháng biǎoyáng wǒmen.
先生はいつも私たちをほめる。

---

11 **擦**
cā

・**こする、拭く**
我帮老师擦黑板。 Wǒ bāng lǎoshī cā hēibǎn.
私は先生の手伝いで黒板を拭く。

---

12 **猜**
cāi

・**当てる**
你猜李明多大？ Nǐ cāi Lǐ Míng duō dà?
あなたは李明さんがおいくつか当ててみて。

---

13 **参观**
cānguān

・**見学する**
明天我想去参观他们公司。 Míngtiān wǒ xiǎng qù cānguān tāmen gōngsī. 明日私は彼らの会社を見学しに行きたい。

---

14 **尝**
cháng

・**味見する、味わう**
这是我做的菜，你尝尝。 Zhè shì wǒ zuò de cài, nǐ chángchang.
これは私が作った料理です、どうぞ食べてみてください。

---

15 **超过**
chāoguò

・**超える**
我们都不能超过他的水平。 Wǒmen dōu bù néng chāoguò tā de shuǐpíng. 私たちは彼のレベルを超えることができない。

---

16 **吵**
chǎo

・**口げんかする**
你们别吵了，都冷静一点儿好吗？
Nǐmen bié chǎo le, dōu lěngjìng yìdiǎnr hǎo ma?
あなた方はけんかしないで、ちょっと冷静になってはどうですか。

---

17 **成功**
chénggōng

・**成功する**
你想成功就得努力。 Nǐ xiǎng chénggōng jiù děi nǔlì.
あなたは成功したいなら、努力すべきだ。

18 **成熟**
chéngshú
・成熟する
稻子还没成熟。 Dàozi hái méi chéngshú.
イネはまだ熟してない。

19 **成为**
chéngwéi
・…になる
我没想到她能成为一个著名的演员。
Wǒ méi xiǎngdào tā néng chéngwéi yí ge zhùmíng de yǎnyuán.
私は彼女が有名な俳優になるなど思いもしなかった。

20 **乘坐**
chéngzuò
・乗る
她是乘坐哪一趟飞机的? Tā shì chéngzuò nǎ yí tàng fēijī de?
彼女はどの便の飛行機に乗ったのですか。

21 **吃惊**
chījīng
・びっくりする
这件事我一点儿也不吃惊。 Zhèi jiàn shì wǒ yìdiǎnr yě bù chījīng.
このことは私は少しも驚かない。

22 **抽烟**
chōu yān
・タバコを吸う
抽烟对身体很不好。 Chōu yān duì shēntǐ hěn bù hǎo.
喫煙は体によくない。

23 **出差**
chūchāi
・出張する
明天我得上东京出差。 Míngtiān wǒ děi shàng Dōngjīng chūchāi.
明日私は東京に出張しなければならない。

24 **出发**
chūfā
・出発する
你几点出发? Nǐ jǐ diǎn chūfā?
あなたは何時に出発しますか。

25 **出生**
chūshēng
・生まれる
你是在哪儿出生的? Nǐ shì zài nǎr chūshēng de?
あなたはどこで生まれたのですか。

26 **打扮**
dǎban
・装う、身なりをする
她今天打扮得很漂亮。 Tā jīntiān dǎban de hěn piàoliang.
彼女の今日の装いはとてもきれいだ。

27 **打扰**
dǎrǎo
・邪魔する
他在做作业，你别打扰他。 Tā zài zuò zuòyè, nǐ bié dǎrǎo tā.
彼は宿題をしているから、あなたは邪魔しないで。

28 **打印**
dǎyìn

・**プリントアウトする、印刷する**
你报告打好了，打印一份我看看。
Nǐ bàogào dǎhǎo le, dǎyìn yí fèn wǒ kànkan.
レポートを打ち終わったら、１部プリントアウトして私に見せてください。

29 **打折**
dǎzhé

・**割引する**
这本新书不能打折。 Zhèi běn xīn shū bù néng dǎzhé.
この新しい本は割り引きできません。

30 **打针**
dǎzhēn

・**注射する**
我不喜欢打针。 Wǒ bù xǐhuan dǎzhēn.
私は注射が好きではない。

31 **戴**
dài

・**かぶる、つける、かける**
今天她没戴帽子。 Jīntiān tā méi dài màozi.
今日彼女は帽子をかぶっていない。

他不喜欢戴手表。 Tā bù xǐhuan dài shǒubiǎo.
彼は腕時計をするのが好きではない。

我不戴眼镜看不清楚。 Wǒ bú dài yǎnjìng kàn bu qīngchu.
メガネをかけないと、はっきり見えない。

32 **代替**
dàitì

・**代わる**
这个东西怎么能代替冰箱呢？
Zhèige dōngxi zěnme néng dàitì bīngxiāng ne?
この物がどうやって冷蔵庫の代わりになれるというのか。

33 **当**
dāng

・**…になる**
我从小就想当医生。 Wǒ cóngxiǎo jiù xiǎng dāng yīshēng.
私は小さい頃から医者になりたかった。

34 **道歉**
dàoqiàn

・**謝る**
我看还是你先向她道歉吧。
Wǒ kàn háishi nǐ xiān xiàng tā dàoqiàn ba.
私はやはりあなたが先に彼女に謝ったほうがいいと思う。

35 **掉** diào

・落ちる

他的帽子掉到河里去了。 Tā de màozi diàodào héli qù le.

彼の帽子は川に落ちてしまった。

36 **调查** diàochá

・調査する

这件事得调查调查。 Zhèi jiàn shì děi diàochá diàocha.

この件はちょっと調査しなければならない。

37 **丢** diū

・なくす

我的钥匙丢了。 Wǒ de yàoshi diū le.

私の鍵がなくなった。

38 **堵车** dǔchē

・渋滞する

这个时间肯定堵车。 Zhèige shíjiān kěndìng dǔchē.

この時間は絶対に渋滞する。

39 **断** duàn

・断つ、とぎれる

他们的关系断了。 Tāmen de guānxi duàn le.

彼らの関係は絶たれた。

40 **对话** duìhuà

・対話する

他们用汉语对话。 Tāmen yòng Hànyǔ duìhuà.

彼らは中国語で話す。

41 **发** fā

・送信する、出す

你给他发电子邮件了吗? Nǐ gěi tā fā diànzǐ yóujiàn le ma?

あなたは彼にメールを送りましたか。

42 **发生** fāshēng

・発生する

到底发生了什么事了? Dàodǐ fāshēngle shénme shì le?

一体何事が起きたのか。

43 **发展** fāzhǎn

・発展する

北京的交通发展得很快。 Běijīng de jiāotōng fāzhǎn de hěn kuài.

北京の交通は発展がとてもはやい。

44 **翻译** fānyì

・翻訳する

这篇文章你能翻译成日文吗? Zhèi piān wénzhāng nǐ néng fānyì chéng Rìwén ma? この文章を日本語に翻訳できますか。

45 **烦恼**
fánnǎo

・**悩む**
你最近烦恼什么？ Nǐ zuìjìn fánnǎo shénme?
あなたは最近何を悩んでいるの？

46 **反对**
fǎnduì

・**反対する**
我反对你这个时候回国。 Wǒ fǎnduì nǐ zhèige shíhou huí guó.
私はあなたがこの時期に帰国することに反対だ。

47 **反映**
fǎnyìng

・**反映する**
这个电影反映了现代中国的社会问题。
Zhèige diànyǐng fǎnyìngle xiàndài Zhōngguó de shèhuì wèntí.
この映画は現代中国の社会問題を反映している。

48 **访问**
fǎngwèn

・**訪問する**
他们明天要来访问我们学校。
Tāmen míngtiān yào lái fǎngwèn wǒmen xuéxiào.
彼らは明日私たちの学校を訪問する予定だ。

49 **放弃**
fàngqì

・**放棄する、あきらめる**
别放弃你的理想。 Bié fàngqì nǐ de lǐxiǎng.
あなたの夢を放棄しないで。

50 **放暑假**[*1]
fàng shǔjià

・**夏休みが始まる**
放暑假后，我想回国。 Fàng shǔjià hòu, wǒ xiǎng huí guó.
夏休みになったら私は国に帰りたい。

51 **符合**
fúhé

・**符合する、合う**
你的条件符合他们的要求。 Nǐ de tiáojiàn fúhé tāmen de yāoqiú.
あなたの条件は彼らの要求に合っている。

52 **复印**
fùyìn

・**コピーする**
这个资料要复印一百份。 Zhèige zīliào yào fùyìn yìbǎi fèn.
この資料は 100 部コピーしなければならない。

53 **负责**
fùzé

・**責任を負う**
这个工作你得负责。 Zhèige gōngzuò nǐ děi fùzé.
この仕事にあなたは責任がある。

54 **改变**
gǎibiàn

・**変わる**
他的缺点一点儿也没改变。 Tā de quēdiǎn yìdiǎnr yě méi gǎibiàn.
彼の欠点は少しも改まらなかった。

55 **干杯**
gānbēi
・**乾杯する**
为我们的健康干杯吧。 Wèi wǒmen de jiànkāng gānbēi ba.
私たちの健康のために乾杯しましょう。

56 **感动**
gǎndòng
・**感動する**
我看了这本小说，非常感动。 Wǒ kànle zhèi běn xiǎoshuō, fēicháng gǎndòng. 私はこの小説を読んで非常に感動した。

57 **感觉**
gǎnjué
・**感じる**
我感觉到情况不太好。 Wǒ gǎnjuédào qíngkuàng bú tài hǎo.
私は状況があまりよくないと思う。

58 **感谢**
gǎnxiè
・**感謝する、お礼を言う**
我得好好儿感谢他们。 Wǒ děi hǎohāor gǎnxiè tāmen.
私は彼らにきちんとお礼を言わなければならない。

59 **干**
gàn
・**する**
你现在在干什么？ Nǐ xiànzài zài gàn shénme?
あなたは今何をしていますか。

60 **购物**
gòuwù
・**買い物する**
你敢上网购物吗？ Nǐ gǎn shàngwǎng gòuwù ma?
あなたはネットでショッピングする勇気がありますか。

61 **估计**
gūjì
・**計る、予測する**
我估计他们不会来参加。 Wǒ gūjì tāmen bú huì lái cānjiā.
私は彼らは参加しないだろうと思う。

62 **鼓励**
gǔlì
・**励ます**
老师常鼓励我们说汉语。 Lǎoshī cháng gǔlì wǒmen shuō Hànyǔ.
先生はいつも私たちに中国語を話すよう励ましてくれる。

63 **鼓掌**
gǔzhǎng
・**拍手する**
请大家鼓掌欢迎。 Qǐng dàjiā gǔzhǎng huānyíng.
みなさん、拍手で歓迎してください。

64 **挂**
guà
・**かける**
墙上挂着他们的结婚照。 Qiáng shang guàzhe tāmen de jiéhūn zhào. 壁に彼らの婚礼写真がかけてある。

65 **管理**
guǎnlǐ

・**管理する**
这个城市管理得很好。 Zhèige chéngshì guǎnlǐ de hěn hǎo.
この町はよく管理されている。

---

66 **广播**
guǎngbō

・**放送する**
现在在广播什么节目？ Xiànzài zài guǎngbō shénme jiémù?
今どんな番組を放送していますか。

---

67 **逛**
guàng

・**ぶらぶらする**
他们去逛商店了。 Tāmen qù guàng shāngdiàn le.
彼らは店をぶらぶらしに行った。

---

68 **规定**
guīdìng

・**規定する**
那家公司规定职员不能抽烟。
Nèi jiā gōngsī guīdìng zhíyuán bù néng chōu yān.
あの会社は、社員はタバコを吸ってはいけないと規定している。

---

69 **过**
guò

・**渡る**
你过那座桥要小心。 Nǐ guò nèi zuò qiáo yào xiǎoxīn.
あなたはあの橋を渡るとき気をつけなさい。

---

70 **后悔**
hòuhuǐ

・**後悔する**
你这样做一定会后悔的。 Nǐ zhèyàng zuò yídìng huì hòuhuǐ de.
あなたはこのようにしたら、必ず後悔するよ。

---

71 **怀疑**
huáiyí

・**疑う**
你别随便怀疑他。 Nǐ bié suíbiàn huáiyí tā.
あなたは勝手に彼を疑わないで。

---

72 **回忆**[*2]
huíyì

・**思い出す**
回忆起那件事，我真的很难受。 Huíyì qǐ nèi jiàn shì, wǒ zhēn de hěn nánshòu. あのことを思い出したら本当につらい。

---

73 **获得**
huòdé

・**獲得する**
他获得第一名了。 Tā huòdé dì-yī míng le.
彼は１位をとった。

---

74 **积累**
jīlěi

・**蓄える**
这一年他积累了很多经验。 Zhè yì nián tā jīlěile hěn duō jīngyàn.
この１年彼はとても多くの経験を積み重ねた。

75 **集合**
jíhé

・集合する、集める
你快把大家集合起来。 Nǐ kuài bǎ dàjiā jíhé qǐlai.
あなたは早くみんなを集めてください。

76 **寄**
jì

・郵便で送る
报名表格你都寄了吗? Bàomíng biǎogé nǐ dōu jì le ma?
申し込み書をあなたはすべて郵送しましたか。

77 **计划**
jìhuà

・計画する
这个工作，你得好好儿计划一下。
Zhèige gōngzuò, nǐ děi hǎohāor jìhuà yíxià.
この仕事はあなたはちゃんと計画しなければならない。

78 **继续**
jìxù

・続ける
他想继续在中国留学。 Tā xiǎng jìxù zài Zhōngguó liúxué.
彼は中国での留学を続けたいと思っている。

79 **加班**
jiābān

・残業する
他爸爸天天都加班。 Tā bàba tiāntiān dōu jiābān.
彼のお父さんは毎日残業がある。

80 **坚持**
jiānchí

・堅持する
要减肥，你得坚持天天运动。
Yào jiǎnféi, nǐ děi jiānchí tiāntiān yùndòng.
ダイエットしたいならあなたは毎日がんばって運動しなくちゃ！

81 **减肥**
jiǎnféi

・ダイエットする
你已经够瘦了，还要减肥。
Nǐ yǐjīng gòu shòu le, hái yào jiǎnféi.
あなたはもう十分やせたのに、まだダイエットしたいの。

82 **减少**
jiǎnshǎo

・減る
最近东京的人口减少了。 Zuìjìn Dōngjīng de rénkǒu jiǎnshǎo le.
最近東京の人口は減った。

83 **降低**
jiàngdī

・下がる、下げる
标准不能随便降低。 Biāozhǔn bù néng suíbiàn jiàngdī.
基準は勝手に下げてはいけない。

84 交
jiāo

・提出する
李老师的作业你交了吗？ Lǐ lǎoshī de zuòyè nǐ jiāo le ma?
李先生の宿題をあなたは出しましたか。

85 交流
jiāoliú

・交流する
学汉语得多跟中国人交流。
Xué Hànyǔ děi duō gēn Zhōngguórén jiāoliú.
中国語を勉強するなら中国人とたくさん交流しなくちゃ。

86 教育
jiàoyù

・教育する
你得好好儿教育教育你的孩子。
Nǐ děi hǎohāor jiàoyù jiàoyu nǐ de háizi.
あなたは子供の教育をちゃんとしなければならない。

87 接受
jiēshòu

・受ける
他不接受我的礼物。 Tā bù jiēshòu wǒ de lǐwù.
彼は私のプレゼントを受け取らない。

88 节约
jiéyuē

・節約する
希望大家都节约用水。 Xīwàng dàjiā dōu jiéyuē yòngshuǐ.
みなさんに水を節約してほしい。

89 解释
jiěshì

・説明する
你不用解释了，错了就是错了。 Nǐ búyòng jiěshì le, cuòle jiùshì cuò le. あなたは説明しなくていい、間違いは間違いだ。

90 进行
jìnxíng

・…を行う
时间到了，我们开始进行讨论吧。
Shíjiān dào le, wǒmen kāishǐ jìnxíng tǎolùn ba.
時間になりましたから私たちは討論を始めましょう。

91 禁止
jìnzhǐ

・禁止する
这个地方禁止抽烟。 Zhèige dìfang jìnzhǐ chōu yān.
この場所は禁煙です。

92 经历
jīnglì

・経験する
这三十年来，他经历了不少困难。 Zhè sānshí nián lái, tā jīnglìle bùshǎo kùnnan. この30年来、彼は多くの困難を経験した。

93 **竞争** jìngzhēng

・競争する

跟人竞争，有什么意思？　Gēn rén jìngzhēng, yǒu shénme yìsi?

人と競争して、どんな意味があるのか。

94 **举办** jǔbàn

・行う

我们大学要举办一个国际留学生交流会。

Wǒmen dàxué yào jǔbàn yí ge guójì liúxuéshēng jiāoliúhuì.

私たちの大学は国際留学生交流会を行うことになっている。

95 **拒绝** jùjué

・断る

他为什么拒绝了我们的要求？　Tā wèishénme jùjuéle wǒmen de yāoqiú? 彼はどうして私たちの要求を拒絶したの？

96 **开玩笑** kāi wánxiào

・冗談を言う

你别跟孩子开玩笑。　Nǐ bié gēn háizi kāi wánxiào.

あなたは子供に冗談を言わないで。

97 **考虑** kǎolǜ

・考える

他的意见我们得考虑考虑。　Tā de yìjiàn wǒmen děi kǎolǜ kǎolü.

彼の意見をわれわれは考えてみなければならない。

98 **咳嗽** késou

・せきをする

他怎么突然咳嗽得那么厉害？　Tā zěnme tūrán késou de nàme lìhai?

彼はどうして突然あんなにひどいせきをしているの？

99 **扩大** kuòdà

・拡大する

我们得扩大范围再找找。　Wǒmen děi kuòdà fànwéi zài zhǎozhao.

範囲を拡大して、もう一度探してみましょう。

100 **拉** lā

・引っ張る

你别拉我，我手疼。　Nǐ bié lā wǒ, wǒ shǒu téng.

私を引っ張らないで、手が痛いよ。

101 **来不及** láibují

・間に合わない

来不及了，我们坐出租车去吧。　Láibují le, wǒmen zuò chūzūchē qù ba. 間に合わないからタクシーで行きましょう。

102 **来得及** láidejí

・間に合う

别急，来得及，我们慢慢儿走吧。　Bié jí, láidejí, wǒmen mànmānr zǒu ba. あせらないで、間に合うからゆっくり行きましょう。

103 **浪费**
lànɡfèi

・**浪費する、無駄遣いする**
我们不应该浪费时间。 Wǒmen bù yīnggāi làngfèi shíjiān.
私たちは時間を無駄遣いするべきではない。

104 **理发**
lǐfà

・**理髪する**
你经常到哪儿去理发？ Nǐ jīngcháng dào nǎr qù lǐfà?
あなたはいつもどこで理髪してもらうの？

105 **理解**
lǐjiě

・**理解する**
孩子总有一天会理解父母的心情的。
Háizi zǒng yǒu yì tiān huì lǐjiě fùmǔ de xīnqíng de.
子供もいつかは親の気持ちがわかるものだ。

106 **连**
lián

・**つなぐ**
这件事把他们的心连起来了。 Zhèi jiàn shì bǎ tāmen de xīn lián-qǐlai le. このことは彼らの心をつなげてきた。

107 **联系**
liánxì

・**連絡する**
你快打手机跟她联系吧。 Nǐ kuài dǎ shǒujī gēn tā liánxì ba.
早く彼女に携帯電話をかけて連絡を取ってください。

108 **聊天**
liáotiān

・**おしゃべりする**
上课时不能聊天。 Shàngkè shí bù néng liáotiān.
授業中はおしゃべりをしてはいけない。

109 **留**
liú

・**残す、留まる**
这个菜留给你爸爸吧。 Zhèige cài liúgěi nǐ bàba ba.
この料理はお父さんに残しておいて。

110 **留学**
liúxué

・**留学する**
你想去中国留学吗？ Nǐ xiǎng qù Zhōngguó liúxué ma?
あなたは中国に留学したいですか。

111 **流泪**[*3]
liúlèi

・**涙を流す**
你现在流泪也没用了。 Nǐ xiànzài liúlèi yě méiyòng le.
あなたは今涙を流しても何にもならない。

112 **流行**
liúxíng

・**流行する**
现在流行什么颜色？ Xiànzài liúxíng shénme yánsè?
今流行しているのは何色ですか。

113 **麻烦**
máfan

・**お願いする、面倒をかける**
我只好麻烦您了。 Wǒ zhǐhǎo máfan nín le.
私はあなたにお願いするしかない。

114 **免费**
miǎnfèi

・**無料にする**
这个机场可以免费上网。 Zhèige jīchǎng kěyǐ miǎnfèi shàngwǎng.
この空港は無料でインターネットができる。

115 **弄**
nòng

・**する、いじる**
你在弄什么东西？ 快过来帮我。
Nǐ zài nòng shénme dōngxi? Kuài guòlái bāng wǒ.
あなたは何をしているの？早く来て手伝って。

116 **排列**
páiliè

・**配列する**
这个资料你是按照什么排列的？ Zhèige zīliào nǐ shì ànzhào shénme páiliè de? この資料は何に従って配列しているのですか。

117 **判断**
pànduàn

・**判断する**
谁对谁错我不能判断。 Shéi duì shéi cuò wǒ bù néng pànduàn.
誰が正しくて誰が間違ってるのか私は判断できない。

118 **陪**
péi

・**付き添う**
你陪我去李老师的家吧。 Nǐ péi wǒ qù Lǐ lǎoshī de jiā ba.
私に付き添って李先生の家に一緒に行ってください。

119 **批评**
pīpíng

・**批判する**
不要随便批评别人的缺点。 Bú yào suíbiàn pīpíng biérén de quēdiǎn. 勝手に人の欠点を批判してはいけません。

120 **骗**
piàn

・**騙す**
骗人其实也是在骗自己。 Piàn rén qíshí yě shì zài piàn zìjǐ.
人を騙すということはつまりは自分を騙すということだ。

121 **破**
pò

・**破れる**
我的书包破了。 Wǒ de shūbāo pò le.
私のかばんが破れた。

122 **起飞**
qǐfēi

・**離陸する**
飞机几点起飞？ Fēijī jǐ diǎn qǐfēi?
飛行機は何時に出発ですか。

123 **起来**
qǐlai

・起きる
你爸爸起来了没有？　Nǐ bàba qǐlaile méiyǒu?
お父さんは起きましたか。

124 **敲**
qiāo

・叩く
有人敲门，你去看谁来了。
Yǒu rén qiāo mén, nǐ qù kàn shéi lái le.
誰かドアをノックしているから、誰が来たか見てきて。

125 **请假**
qǐngjià

・休暇を取る
下个星期一我想请假。　Xià ge xīngqīyī wǒ xiǎng qǐngjià.
来週の月曜私は休暇を取りたい。

126 **请客**
qǐngkè

・ご馳走する
明天王经理请客，你去不去？
Míngtiān Wáng jīnglǐ qǐngkè, nǐ qù bu qù?
明日王社長がご馳走してくれますが、あなたは行きますか。

127 **区别**
qūbié

・区別する
你能区别日本人和韩国人吗？　Nǐ néng qūbié Rìběnrén hé Hánguó-
rén ma?　あなたは日本人と韓国人の区別がつきますか。

128 **取**
qǔ

・取る
我们去取行李吧。　Wǒmen qù qǔ xíngli ba.
私たち荷物を取りに行きましょう。

129 **缺少**
quēshǎo

・不足する
你缺少的就是谦虚。　Nǐ quēshǎo de jiùshì qiānxū.
あなたに足りないのは謙虚さだ。

130 **扔**
rēng

・捨てる
你把那些旧书都扔了吧。　Nǐ bǎ nèixiē jiùshū dōu rēng le ba.
あなたはそれらの古本を全部捨ててください。

131 **散步**
sànbù

・散歩する
咱们到那儿去散步吧。　Zánmen dào nàr qù sànbù ba.
私たちあそこを散歩しましょう。

132 **商量**
shāngliang

・相談する
我想跟您商量一件事。　Wǒ xiǎng gēn nín shāngliang yí jiàn shì.
私はあなたとあることについて相談したい。

133 **伤心** shāngxīn
・悲しむ
别太伤心了。事情会过去的。 Bié tài shāngxīn le. Shìqing huì guòqù de. あまり悲しまないで、すぐ過ぎてしまうよ。

134 **申请** shēnqǐng
・申請する
我想申请信用卡，可以吗？
Wǒ xiǎng shēnqǐng xìnyòngkǎ, kěyǐ ma?
私はクレジットカードを申請したいのですが、いいですか。

135 **生活** shēnghuó
・生活する
他们生活得很有意义。 Tāmen shēnghuó de hěn yǒu yìyì.
彼らは有意義に生活している。

136 **省** shěng
・節約する
这样做比较省时间。 Zhèyàng zuò bǐjiào shěng shíjiān.
このようにすればわりと時間を節約できる。

137 **剩** shèng
・残す、残る
你还剩多少钱？ Nǐ hái shèng duōshao qián?
あなたはまだいくら残っている？

138 **失败** shībài
・失敗する
在教育孩子方面，他失败了。 Zài jiàoyù háizi fāngmiàn, tā shībài le. 子供の教育の方面で彼は失敗した。

139 **失望** shīwàng
・失望する
我对你的工作态度很失望。 Wǒ duì nǐ de gōngzuò tàidu hěn shīwàng. 私はあなたの仕事に対する態度に失望した。

140 **使用** shǐyòng
・使う
你使用什么方法拒绝他们？ Nǐ shǐyòng shénme fāngfǎ jùjué tāmen? あなたはどんな方法で彼らを断ったのですか。

141 **试** shì
・試す
这个方法你可以试试。 Zhèige fāngfǎ nǐ kěyǐ shìshi.
この方法を試してみてください。

142 **适合** shìhé
・合う
我觉得我不适合做这个工作。 Wǒ juéde wǒ bù shìhé zuò zhèige gōngzuò. 私はこの仕事は私に合わないと思う。

143 **适应**
shìyìng

・**適応する**
你得慢慢儿适应你的工作环境。
Nǐ děi mànmānr shìyìng nǐ de gōngzuò huánjìng.
あなたはこの仕事の環境にゆっくり慣れていけばいい。

---

144 **收**
shōu

・**受ける、収める**
这些钱是他还给你的，你得收下。
Zhèixiē qián shì tā huángěi nǐ de, nǐ děi shōuxià.
このお金は彼が返すそうなので、お納めください。

---

145 **收拾**
shōushi

・**片付ける**
你把桌子收拾一下吧。 Nǐ bǎ zhuōzi shōushi yíxià ba.
ちょっとこの机を片付けてください。

---

146 **受不了**
shòubuliǎo

・**耐えられない**
我已经受不了他的态度了。 Wǒ yǐjīng shòubuliǎo tā de tàidù le.
私はもう彼の態度に耐えられない。

---

147 **受到**
shòudào

・**受ける**
今天他受到批评了。 Jīntiān tā shòudào pīpíng le.
今日彼は怒られた。

---

148 **输**
shū

・**負ける**
昨天的比赛我们输了。 Zuótiān de bǐsài wǒmen shū le.
きのうの試合で私たちは負けました。

---

149 **熟悉**
shúxī

・**よく知っている**
我对他不太熟悉。 Wǒ duì tā bú tài shúxī.
私は彼のことをあまりよく知らない。

---

150 **说明**
shuōmíng

・**説明する**
你给大家说明一下。 Nǐ gěi dàjiā shuōmíng yíxià.
みんなにちょっと説明してください。

---

151 **死**
sǐ

・**死ぬ**
我家的狗昨天死了。 Wǒ jiā de gǒu zuótiān sǐ le.
家の犬がきのう死んだ。

152 **算**
suàn

・**数える**
这些钱你算一下。 Zhèixiē qián nǐ suàn yíxià.
このお金をちょっと数えてください。

・**…とみなす、…といえる**
我也算是他的学生吧。 Wǒ yě suàn shì tā de xuésheng ba.
私も彼の学生といえるでしょう。

153 **抬**
tái

・**持ち上げる**
请你抬起头来。 Qǐng nǐ táiqǐ tóu lái.
頭を上げてください。

154 **谈**
tán

・**話す**
这个问题你们谈谈。 Zhèige wèntí nǐmen tántan.
この問題をあなた方は話し合ってください。

155 **弹钢琴**[*4]
tán gāngqín

・**ピアノを弾く**
他女儿会弹钢琴。 Tā nǚ'ér huì tán gāngqín.
彼の娘はピアノが弾ける。

156 **躺**
tǎng

・**横になる**
我喜欢躺着看书。 Wǒ xǐhuan tǎngzhe kàn shū.
私は横になって本を読むのが好きだ。

157 **讨论**
tǎolùn

・**討論する**
有关他的问题，你们再讨论一下。
Yǒuguān tā de wèntí, nǐmen zài tǎolùn yíxià.
彼に関する問題をもうちょっと討論してください。

158 **讨厌**
tǎoyàn

・**嫌がる**
她很讨厌骄傲的人。 Tā hěn tǎoyàn jiāo'ào de rén.
彼女は傲慢な人間が嫌いだ。

159 **提供**
tígōng

・**提供する**
你们公司提供什么服务？ Nǐmen gōngsī tígōng shénme fúwù?
あなたの会社はどんなサービスを提供していますか。

160 **提醒**
tíxǐng

・**注意を促す**
明天请你提醒我给李明打电话。
Míngtiān qǐng nǐ tíxǐng wǒ gěi Lǐ Míng dǎ diànhuà.
あす李明さんに電話するのを忘れないよう言ってください。

161 **填空**
tiánkòng

・穴埋めする
那些填空问题不太容易。 Nèixiē tiánkòng wèntí bú tài róngyì.
それらの穴埋め問題はあまり易しくない。

162 **停止**
tíngzhǐ

・停止する
政府停止对他们的支持了。 Zhèngfǔ tíngzhǐ duì tāmen de zhīchí le. 政府は彼らの支持をやめた。

163 **通过**
tōngguò

・通る
这条路太窄，车不能通过。 Zhèi tiáo lù tài zhǎi, chē bù néng tōngguò. この道は狭すぎるので、車は通れない。

・採択する、可決する
会议通过了他的意见。 Huìyì tōngguòle tā de yìjiàn.
会議で彼の意見は採択された。

164 **通知**
tōngzhī

・知らせる
那件事，你通知大家了没有？ Nèi jiàn shì, nǐ tōngzhī dàjiā le méiyǒu? あのことをみんなに知らせましたか。

165 **同情**
tóngqíng

・同情する
你同情他，他一定会感谢你的。
Nǐ tóngqíng tā, tā yídìng huì gǎnxiè nǐ de.
あなたが彼に同情したら、彼はきっとあなたに感謝する。

166 **推**
tuī

・押す
这个门不能推，要拉。 Zhèige mén bù néng tuī, yào lā.
このドアは押してはだめだ、引くのだ。

167 **推迟**
tuīchí

・遅延する、遅らせる
会议已经推迟到下周了。 Huìyì yǐjīng tuīchí dào xiàzhōu le.
会議はすでに来週に延期になった。

168 **脱**
tuō

・脱ぐ
你把帽子脱下来吧。 Nǐ bǎ màozi tuōxiàlai ba.
あなたは帽子を脱いでください。

169 **握手** *5
wòshǒu

・握手する
他们都要跟李先生握手。 Tāmen dōu yào gēn Lǐ xiānsheng wòshǒu.
彼らはみな李さんと握手をしたがる。

170 **污染**
wūrǎn

・汚染する
这儿的河水都被污染了。 Zhèr de héshuǐ dōu bèi wūrǎn le.
ここの川の水は汚染されている。

171 **无**
wú

・ない
我确实无能力帮你。 Wǒ quèshí wú nénglì bāng nǐ.
私は本当にあなたを手伝う能力はない。

172 **误会**
wùhuì

・誤解する
你别误会他的意见。 Nǐ bié wùhuì tā de yìjiàn.
彼の意見を誤解しないで。

173 **吸引**
xīyǐn

・引き寄せる
这地方吸引了很多外国人。 Zhèi dìfang xīyǐnle hěn duō wàiguó-rén. この場所は多くの外国人を引き寄せた。

174 **羡慕**
xiànmù

・うらやましがる
你羡慕有钱人的生活吗?
Nǐ xiànmù yǒuqiánrén de shēnghuó ma?
あなたはお金持ちの人の生活がうらやましいですか。

175 **限制**
xiànzhì

・制限する
任何人都受法律限制。 Rènhé rén dōu shòu fǎlǜ xiànzhì.
いかなる人もみんな法律に規制される。

176 **响**
xiǎng

・響く、鳴る
电话响了。 Diànhuà xiǎng le.
電話が鳴っている。

177 **信任**
xìnrèn

・信頼する
你信任他吗? Nǐ xìnrèn tā ma?
あなたは彼を信頼しますか。

178 **醒**
xǐng

・目がさめる
你哥哥醒来了吗? Nǐ gēge xǐnglái le ma?
あなたのお兄さんは目をさましましたか。

179 **修**
xiū

・修理する
那儿正在修路呢，从这儿走。
Nàr zhèngzài xiū lù ne, cóng zhèr zǒu.
あそこは道路工事をしているから、ここから行こう。

180 **演出**
yǎnchū

・**出演する**
那些演员要到哪儿去演出？ Nèixiē yǎnyuán yào dào nǎr qù yǎnchū? あの俳優たちはどこへ公演に行く予定ですか。

181 **养成**
yǎngchéng

・**身につける**
他从小就养成爱看书的习惯了。
Tā cóngxiǎo jiù yǎngchéng ài kàn shū de xíguàn le.
彼は小さい頃から読書を好む習慣を身につけた。

182 **邀请**
yāoqǐng

・**招待する**
我们邀请李老师来演讲。 Wǒmen yāoqǐng Lǐ lǎoshī lái yǎnjiǎng.
私たちは李先生に講演をお願いした。

183 **引起**
yǐnqǐ

・**引き起こす**
这件事引起社会的注意了。 Zhèi jiàn shì yǐnqǐ shèhuì de zhùyì le.
このことは社会の注意を引いた。

184 **赢**
yíng

・**勝つ**
这次比赛日本赢了美国。 Zhèi cì bǐsài Rìběn yíngle Měiguó.
今回の試合、日本はアメリカに勝った。

185 **预习**
yùxí

・**予習する**
我昨天没预习今天的课。 Wǒ zuótiān méi yùxí jīntiān de kè.
私はきのう、今日の授業の予習をしなかった。

186 **原谅**
yuánliàng

・**許す**
有错的地方，请您原谅。 Yǒu cuò de dìfang, qǐng nín yuánliàng.
間違っているところがあればどうぞお許しください。

187 **阅读**
yuèdú

・**読む**
他喜欢阅读杂志。 Tā xǐhuan yuèdú zázhì.
彼は雑誌を読むのが好きだ。

188 **允许**
yǔnxǔ

・**承諾する、許す**
老师不允许我们上课说日语。 Lǎoshī bù yǔnxǔ wǒmen shàngkè shuō Rìyǔ. 先生は授業中日本語を話すことを許してくれない。

189 **增加**
zēngjiā

・**増える**
学习汉语的人增加了吗？ Xuéxí Hànyǔ de rén zēngjiā le ma?
中国語を勉強する人は増えましたか。

190 **增长**
zēngzhǎng
・増加する
去旅游能增长知识。 Qù lǚyóu néng zēngzhǎng zhīshi.
旅行は知識を増やすことができる。

191 **招聘**
zhāopìn
・募集する
那家商店正在招聘人。 Nèi jiā shāngdiàn zhèngzài zhāopìn rén.
あの店は今、人を募集している。

192 **整理**
zhěnglǐ
・整理する
我一直没时间整理以前的旧照片。
Wǒ yìzhí méi shíjiān zhěnglǐ yǐqián de jiù zhàopiàn.
私は以前の古い写真を整理する時間がいまだにない。

193 **证明**
zhèngmíng
・証明する
你怎么证明是他做的呢？ Nǐ zěnme zhèngmíng shì tā zuò de ne?
あなたはどうやって彼がしたことだと証明するの？

194 **支持**
zhīchí
・支持する
你为什么不支持他的意见？ Nǐ wèishénme bù zhīchí tā de yìjiàn?
あなたはなぜ彼の意見を支持しないのですか。

195 **值得**
zhíde
・…する価値がある
那个电影很值得一看。 Nèige diànyǐng hěn zhíde yí kàn.
あの映画は一度見る価値がある。

196 **指**
zhǐ
・…を指す
他说的话指的是我们态度的问题。
Tā shuō de huà zhǐ de shì wǒmen tàidù de wèntí.
彼の話の指しているのは私たちの態度の問題だ。

197 **制造**
zhìzào
・製造する
日本制造的手机很好用。 Rìběn zhìzào de shǒujī hěn hǎo yòng.
日本が製造した携帯電話はとても使いやすい。

198 **重视**
zhòngshì
・重視する
学校好像不太重视这个问题。 Xuéxiào hǎoxiàng bú tài zhòngshì zhèige wèntí. 学校はこの問題をあまり重視していないようだ。

199 **祝贺**
zhùhè
・お祝いする
祝贺你大学毕业了。 Zhùhè nǐ dàxué bìyè le.
大学ご卒業おめでとう。

200 **赚** zhuàn

・**儲かる、儲ける**
最近他赚了很多钱。 Zuìjìn tā zhuànle hěn duō qián.
最近彼はずいぶん儲けた。

---

201 **撞** zhuàng

・**ぶつかる**
他骑车撞了一个老人。 Tā qí chē zhuàngle yí ge lǎorén.
彼は自転車に乗っていて１人の老人にぶつかった。

---

202 **总结** zǒngjié

・**まとめる**
你总结一下今天他说的话。 Nǐ zǒngjié yíxià jīntiān tā shuō de huà.
あなたは今日の彼の話をちょっとまとめてください。

---

203 **租** zū

・**賃貸する**
这儿租房很贵。 Zhèr zū fáng hěn guì.
ここの部屋を借りるのはとても高い。

---

204 **组成** zǔchéng

・**構成する**
这个代表团由多少人组成的? Zhèige dàibiǎotuán yóu duōshao rén zǔchéng de? この代表団は何人から成っていますか。

---

205 **组织** zǔzhī

・**組織する**
学校组织学生去旅游。 Xuéxiào zǔzhī xuésheng qù lǚyóu.
学校は学生を組織して旅行に行った。

---

206 **尊重** zūnzhòng

・**尊重する**
我们得尊重别人的意见。 Wǒmen děi zūnzhòng biéren de yìjiàn.
私たちは他の人の意見を尊重しなければならない。

---

207 **做生意**[*6] zuò shēngyi

・**商売する**
做生意得重视信用。 Zuò shēngyi děi zhòngshì xìnyòng.
商売をするなら信用を大切にしなければならない。

＊1、3、4、5、6 “放暑假”“流泪”“弹钢琴”“握手”“做生意”は「動詞＋目的語」だが、「大綱」では一語としているので、本書はそれに従う。

＊2 本書では“回忆”を名詞と動詞に入れる。

形容词（形容詞）

CD 39

1 **安全** ānquán

・安全だ

最重要的就是要注意安全。 Zuì zhòngyào de jiùshì yào zhùyì ānquán. 最も重要なことは安全を心がけることだ。

2 **暗** àn

・暗い

那条路晚上太暗，你得小心。 Nèi tiáo lù wǎnshang tài àn, nǐ děi xiǎoxīn. あの道は夜大変暗いので、あなたは気をつけて。

3 **抱歉** bàoqiàn

・申し訳ない

非常抱歉，您要的东西卖光了。

Fēicháng bàoqiàn, nín yào de dōngxi màiguāng le.

大変申し訳ありません。ご入用の品は売り切れです。

4 **笨** bèn

・賢くない、おろかだ

你不笨，你是不学习。 Nǐ bú bèn, nǐ shì bù xuéxí.

あなたは馬鹿ではない、勉強しないだけだ。

5 **标准** biāozhǔn

・標準的だ

他说的汉语很标准。 Tā shuō de Hànyǔ hěn biāozhǔn.

彼が話す中国語は標準的だ。

6 **差不多** chàbuduō

・差がない

他们的汉语水平差不多。 Tāmen de Hànyǔ shuǐpíng chàbuduō.

彼らの中国語のレベルは差がない。

7 **诚实** chéngshí

・誠実だ

为人还是诚实一点儿好。 Wéirén háishi chéngshí yìdiǎnr hǎo.

人は少しでも誠実であればいい。

8 **粗心** cūxīn

・うっかりしている

他做事很粗心。 Tā zuòshì hěn cūxīn.

彼は何をするにもうっかりしている。

9 **得意**
déyì

・得意だ
你别太得意了，谦虚一点儿好。
Nǐ bié tài déyì le, qiānxū yìdiǎnr hǎo.
あなたはあまり得意気にならないで少し謙虚になったほうがいい。

---

10 **对**
duì

・正しい
我的答案对不对？　Wǒ de dá’àn duì bu duì?
私の答えはあっていますか。

---

11 **丰富**
fēngfù

・豊富だ
他的工作经验很丰富。　Tā de gōngzuò jīngyàn hěn fēngfù.
彼は仕事の経験が豊富だ。

---

12 **富**
fù

・豊かだ、金持ちだ
他们已经富起来了。　Tāmen yǐjīng fùqǐlai le.
彼らはすでに豊かになってきた。

---

13 **复杂**
fùzá

・複雑だ
经济问题太复杂了。　Jīngjì wèntí tài fùzá le.
経済問題は複雑すぎる。

---

14 **干燥**
gānzào

・乾燥している
那个地方冬天很干燥。　Nèige dìfang dōngtiān hěn gānzào.
あの場所は冬とても乾燥している。

---

15 **高级**
gāojí

・高級だ
那是一家高级饭馆。　Nà shì yì jiā gāojí fànguǎn.
あれは高級なレストランだ。

---

16 **够**
gòu

・十分だ
吃的喝的都不够。　Chī de hē de dōu bú gòu.
食べものも飲みものも十分ではない。

---

17 **孤单**
gūdān

・孤独だ
他一个人生活很孤单。　Tā yí ge rén shēnghuó hěn gūdān.
彼は一人ぐらしで孤独だ。

---

18 **关键**
guānjiàn

・重要だ
这个问题很关键，你得注意。
Zhèige wèntí hěn guānjiàn, nǐ děi zhùyì.
この問題はとても重要なので、あなたは注意しなければならない。

19 害羞
hàixiū
・恥ずかしい
日本学生都比较害羞。 Rìběn xuésheng dōu bǐjiào hàixiū.
日本人の学生はわりと恥ずかしがりだ。

20 合格
hégé
・合格している
这些食品都合格了。 Zhèixiē shípǐn dōu hégé le.
これらの食品はみんな合格だ。

21 合适
héshì
・合っている
去参加那个会议，穿这件衣服不合适。
Qù cānjiā nèige huìyì, chuān zhèi jiàn yīfu bù héshì.
あの会議に参加するには、この服は合わない。

22 厚
hòu
・厚い
这本书真厚。 Zhèi běn shū zhēn hòu.
この本は本当に厚い。

23 活泼
huópo
・活発だ
那几个孩子都很活泼。 Nà jǐ ge háizi dōu hěn huópo.
あの子供たちはとても活発だ。

24 火*1
huǒ
・人気がある
最近那家饭馆的生意很火。 Zuìjìn nèi jiā fànguǎn de shēngyi hěn huǒ. 最近あのレストランは商売繁盛だ。

25 激动
jīdòng
・興奮している
你别那么激动，慢慢儿说。 Nǐ bié nàme jīdòng, mànmānr shuō.
あなたはそんなに興奮しないで、ちょっとゆっくり話してください。

26 积极
jījí
・積極的だ
他上课时很积极问问题。 Tā shàngkè shí hěn jījí wèn wèntí.
彼は授業でとても積極的に質問する。

27 及时
jíshí
・適時である
你来得真及时，帮了我的大忙了。
Nǐ lái de zhēn jíshí, bāngle wǒ de dà máng le.
あなたは本当によいタイミングで来た。大変助かりました。

28 假
jiǎ
・偽りの、にせの
这些药都是假的，你被骗了。 Zhèixiē yào dōu shì jiǎ de, nǐ bèi piàn le. これらの薬はみな偽物だ、あなたは騙されたのだ。

29 骄傲
jiāo'ào

・傲慢だ
他很骄傲，没人想跟他做朋友。
Tā hěn jiāo'ào, méi rén xiǎng gēn tā zuò péngyou.
彼は傲慢なので、誰も彼と友達になろうとしない。

30 紧张
jǐnzhāng

・緊張している
我上李老师的课很紧张。 Wǒ shàng Lǐ lǎoshī de kè hěn jǐnzhāng.
私は李先生の授業はとても緊張する。

31 精彩
jīngcǎi

・精彩がある、すばらしい
昨天的那场杂技表演很精彩。 Zuótiān de nèi chǎng zájì biǎoyǎn hěn jīngcǎi. きのうのあの雑技はとてもすばらしかった。

32 科学*2
kēxué

・科学的だ
你这个想法很不科学。 Nǐ zhèige xiǎngfǎ hěn bù kēxué.
あなたのこの考え方は非科学的だ。

33 可怜
kělián

・かわいそうだ
那时，人民是最可怜的。 Nà shí, rénmín shì zuì kělián de.
そのときは、民衆が最もかわいそうだった。

34 可惜
kěxī

・惜しい
这件事没成功，很可惜。 Zhèi jiàn shì méi chénggōng, hěn kěxī.
このことが成功せず、残念です。

35 苦
kǔ

・つらい、苦しい
他们的生活很苦，可是精神很好。
Tāmen de shēnghuó hěn kǔ, kěshì jīngshén hěn hǎo.
彼らの生活は苦しいが、精神的にはよい。

36 宽
kuān

・広い
她的房间比你的宽一点儿。 Tā de fángjiān bǐ nǐ de kuān yìdiǎnr.
彼女の部屋はあなたの部屋より少し広い。

37 困
kùn

・眠い
我现在很困。 Wǒ xiànzài hěn kùn.
私は今とても眠い。

38 **困难**
kùnnan

・**難しい**
这个工作很困难，不过你不能不做。
Zhèige gōngzuò hěn kùnnan, búguò nǐ bù néng bú zuò.
この仕事はとても難しいがあなたはしなければならない。

---

39 **辣**
là

・**辛い**
这个菜太辣了。 Zhèige cài tài là le.
この料理は辛すぎる。

---

40 **懒**
lǎn

・**怠けている**
他真懒，什么事都不做。 Tā zhēn lǎn, shénme shì dōu bú zuò.
彼は本当に怠け者で、何もしない。

---

41 **浪漫**
làngmàn

・**ロマンチックな**
他们的生活很浪漫。 Tāmen de shēnghuó hěn làngmàn.
彼らの生活はとてもロマンチックだ。

---

42 **冷静**
lěngjìng

・**冷静だ**
我们要冷静地看问题。 Wǒmen yào lěngjìng de kàn wèntí.
私たちは冷静に問題を見る必要がある。

---

43 **理想**[*3]
lǐxiǎng

・**理想的だ**
什么事都不要想得太理想。 Shénme shì dōu bú yào xiǎng de tài lǐxiǎng. 何事もあまり理想主義的すぎないで。

---

44 **厉害**
lìhai

・**ひどい**
这次的地震灾害太厉害了。 Zhèi cì de dìzhèn zāihài tài lìhai le.
このたびの地震の災害はひどすぎる。

---

45 **凉快**
liángkuai

・**涼しい**
秋天了，很凉快了。 Qiūtiān le, hěn liángkuai le.
秋になってとても涼しくなった。

---

46 **亮**
liàng

・**明るい**
天亮了，他还没起床。 Tiān liàng le, tā hái méi qǐchuáng.
夜が明けたが彼はまだ起きていない。

---

47 **流利**
liúlì

・**流暢だ**
他汉语说得很流利。 Tā Hànyǔ shuō de hěn liúlì.
彼はとても流暢に中国語を話す。

48 乱
luàn

・乱れている
他的房间非常乱。 Tā de fángjiān fēicháng luàn.
彼の部屋はすごく散らかっている。

49 麻烦
máfan

・面倒な
这件事真麻烦。 Zhèi jiàn shì zhēn máfan.
このことは本当に面倒だ。

50 马虎
mǎhu

・いいかげんだ
他做事很马虎，你别把工作交给他。
Tā zuò shì hěn mǎhu, nǐ bié bǎ gōngzuò jiāogěi tā.
彼がすることはとても適当だから、仕事をやらせないで。

51 满
mǎn

・満ちている
杯子里的水已经满了。 Bēizi li de shuǐ yǐjīng mǎn le.
コップの中の水はすでにいっぱいだ。

52 美丽
měilì

・美しい
我们要保护美丽的自然。 Wǒmen yào bǎohù měilì de zìrán.
私たちは美しい自然を守らなければならない。

53 难受
nánshòu

・つらい
看了你的信，我非常难受。 Kànle nǐ de xìn, wǒ fēicháng nánshòu.
あなたの手紙を見て私はとてもつらい。

54 暖和
nuǎnhuo

・暖かい
天气一天比一天暖和了。 Tiānqì yì tiān bǐ yì tiān nuǎnhuo le.
日に日に暖かくなった。

55 破
pò

・破れている
那个破沙发扔了吧。 Nèige pò shāfā rēng le ba.
あの破れたソファーを捨てなさい。

56 普遍
pǔbiàn

・普遍的だ
上课打手机的现象太普遍了。 Shàngkè dǎ shǒujī de xiànxiàng tài pǔbiàn le. 授業中に携帯電話をかけるのは普通の現象になった。

57 轻
qīng

・軽い
我的行李不重，很轻。 Wǒ de xíngli bú zhòng, hěn qīng.
私の荷物は重くない、とても軽い。

58 **轻松** qīngsōng
・リラックスしている
他们的生活很轻松。 Tāmen de shēnghuó hěn qīngsōng.
彼らの生活はとてもリラックスしている。

59 **穷** qióng
・貧しい
那些穷人孩子没钱上学。 Nèixiē qióngrén háizi méi qián shàngxué.
あの貧しい子供たちは学校に行くお金がない。

60 **热闹** rènao
・にぎやかだ
这儿平时很热闹。 Zhèr píngshí hěn rènao.
ここは普段はとてもにぎやかだ。

61 **软** ruǎn
・柔らかい
这个沙发太软了。 Zhèige shāfā tài ruǎn le.
このソファは柔らかすぎる。

62 **深** shēn
・深い
我对这个问题理解得还不深。 Wǒ duì zhèige wèntí lǐjiě de hái bù shēn. 私はこの問題の理解がまだ深くない。

63 **湿润** shīrùn
・湿気がある
看了他的邮件，我的眼睛湿润了。 Kànle tā de yóujiàn, wǒ de yǎnjing shīrùn le. 彼のメールを見て、涙ぐんだ。

64 **实际***4 shíjì
・実際的だ、現実的だ
这个想法不太实际。 Zhèige xiǎngfǎ bú tài shíjì.
この考え方はあまり現実的ではない。

65 **帅** shuài
・ハンサムだ
她男朋友很帅，你见过吗？
Tā nánpéngyou hěn shuài, nǐ jiànguo ma ?
彼女のボーイフレンドはとてもハンサムですが、会ったことがありますか。

66 **顺利** shùnlì
・順調だ
他们的工作很顺利。 Tāmen de gōngzuò hěn shùnlì.
彼らの仕事はとても順調だ。

67 **酸** suān
・すっぱい
这个牛奶酸了，不能喝了。 Zhèige niúnǎi suān le, bù néng hē le.
この牛乳はすっぱくなったから飲めない。

68 **随便**
suíbiàn

・**適当だ、気ままだ**
做事不能太随便，有时候要认真点儿。
Zuòshì bù néng tài suíbiàn, yǒushíhou yào rènzhēn diǎnr.
何事も適当すぎてはいけない。時には少しまじめにすべきだ。

69 **所有**
suǒyǒu

・**すべての**
所有的结果你都得负责。 Suǒyǒu de jiéguǒ nǐ dōu děi fùzé.
すべての結果にあなたは責任がある。

70 **危险**
wēixiǎn

・**危険だ**
那儿很危险。 Nàr hěn wēixiǎn.
あそこは大変危険だ。

71 **无聊**
wúliáo

・**退屈だ**
没事做的时候一定很无聊。 Méi shì zuò de shíhou yídìng hěn wúliáo. 何もすることがない時は必ず退屈だ。

72 **咸**
xián

・**塩辛い**
你不要吃太咸的东西。 Nǐ bú yào chī tài xián de dōngxi.
塩辛すぎるものを食べないで。

73 **香**
xiāng

・**いい香りがする**
这个菜很香，一定很好吃。 Zhèige cài hěn xiāng, yídìng hěn hǎochī. この料理はにおいがいいから、きっとおいしい。

・**香りがある**
这个花很香。 Zhèige huā hěn xiāng.
この花は香りがある。

74 **相反**
xiāngfǎn

・**反対である**
他提出了跟大家相反的意见。 Tā tíchūle gēn dàjiā xiāngfǎn de yìjiàn. 彼はみんなと反対の意見を出した。

75 **详细**
xiángxì

・**詳しい**
他的报告写得很详细。 Tā de bàogào xiě de hěn xiángxì.
彼の報告はとても詳しい。

76 **辛苦**
xīnkǔ

・**つらい**
母亲教育儿女都很辛苦。 Mǔqīn jiàoyù érnǚ dōu hěn xīnkǔ.
母親が子供を教育するのはとても骨が折れる。

77 **兴奋**
xīngfèn

・興奮している
接到通知，他非常兴奋。 Jiēdào tōngzhī, tā fēicháng xīngfèn.
通知を受け取って彼はとても興奮した。

78 **行**
xíng

・いい、よろしい
这样做行，那样做不行。 Zhèyàng zuò xíng, nàyàng zuò bùxíng.
このようにするといい、そのようにしたらだめだ。

79 **许多**
xǔduō

・多い
许多问题不是科学都能说清楚的。
Xǔduō wèntí bú shì kēxué dōu néng shuō qīngchu de.
多くの問題が科学的にはっきり説明できるわけではない。

80 **严格**
yángé

・厳格だ
我的老师对我们很严格。 Wǒ de lǎoshī duì wǒmen hěn yángé.
私の先生は私たちにとても厳しい。

81 **严重**
yánzhòng

・深刻だ
这个问题很严重。 Zhèige wèntí hěn yánzhòng.
この問題は大変深刻だ。

82 **硬**
yìng

・硬い
这个面包太硬，不好吃。 Zhèige miànbāo tài yìng, bù hǎochī.
このパンは硬すぎておいしくない。

83 **勇敢**
yǒnggǎn

・勇敢だ
那个年轻人很勇敢。 Nèige niánqīngrén hěn yǒnggǎn.
あの若い人はとても勇敢だ。

84 **幽默**
yōumò

・ユーモアがある
那个老师很幽默，我很喜欢他的课。
Nèige lǎoshī hěn yōumò, wǒ hěn xǐhuan tā de kè.
あの先生はユーモアがあるので、先生の授業が大好きだ。

85 **优秀**
yōuxiù

・優秀だ
她是一个很优秀的学生。 Tā shì yí ge hěn yōuxiù de xuésheng.
彼女はとても優秀な学生の１人だ。

86 **友好**
yǒuhǎo

・**友好的だ**

中日友好关系一定要发展下去。
Zhōng-Rì yǒuhǎo guānxi yídìng yào fāzhǎn xiàqu.
日中の友好的な関係は必ず発展させていかなければならない。

---

87 **有趣**
yǒuqù

・**面白い**

他很幽默，说话很有趣。 Tā hěn yōumò, shuō huà hěn yǒuqù.
彼はユーモアがあり、話が大変面白い。

---

88 **愉快**
yúkuài

・**楽しい**

我们的汉语课很愉快。 Wǒmen de Hànyǔ kè hěn yúkuài.
私たちの中国語の授業はとても楽しい。

---

89 **圆**
yuán

・**丸い**

我们家没有圆桌子。 Wǒmen jiā méiyǒu yuán zhuōzi.
私の家には丸いテーブルがない。

---

90 **脏**
zāng

・**汚い**

这儿太脏了。 Zhèr tài zāng le.
ここは汚なすぎる。

---

91 **窄**
zhǎi

・**狭い**

我的房间很窄。 Wǒ de fángjiān hěn zhǎi.
私の部屋は狭い。

---

92 **整齐**
zhěngqí

・**きちんとしている**

今天他穿得很整齐。 Jīntiān tā chuān de hěn zhěngqí.
今日彼のいでたちはきちんとしている。

---

93 **正常**
zhèngcháng

・**正常だ**

最近天气很不正常。 Zuìjìn tiānqì hěn bú zhèngcháng.
最近の天気は正常ではない。

---

94 **正确**
zhèngquè

・**正確だ**

你的答案很正确。 Nǐ de dá'àn hěn zhèngquè.
あなたの答案は正確だ。

---

95 **正式**
zhèngshì

・**正式だ**

这是一封正式的邀请书。 Zhè shì yì fēng zhèngshì de yāoqǐng shū.
これは正式な招聘状だ。

96 直接
zhíjiē
・直接である
他说话很直接。 Tā shuōhuà hěn zhíjiē.
彼は話すとき遠慮がない。

97 主动
zhǔdòng
・自発的だ、積極的だ
找对象得主动一点儿。 Zhǎo duìxiàng děi zhǔdòng yìdiǎnr.
恋人を探すなら積極的にならなければならない。

98 著名
zhùmíng
・著名だ
他是世界著名的教授。 Tā shì shìjiè zhùmíng de jiàoshòu.
彼は世界的に著名な教授だ。

99 准确
zhǔnquè
・正確だ
他的判断很准确。 Tā de pànduàn hěn zhǔnquè.
彼の判断は正確だ。

100 准时
zhǔnshí
・時間通りだ
他每天上班都很准时。 Tā měitiān shàngbān dōu hěn zhǔnshí.
彼は毎日時間通りに会社に行く。

101 仔细
zǐxì
・細かく詳しい
他做事很仔细。 Tā zuòshì hěn zǐxì.
彼の仕事はとても細かく詳しい。

＊1、2、3、4　本書では“火”“科学”“理想”“实际”を名詞と形容詞に入れる。

副　词（副　詞）

CD 40

1 **按时**
ànshí

・時間通りに
你们都得按时交作业。 Nǐmen dōu děi ànshí jiāo zuòyè.
あなた方はみな期限までに宿題を提出しなければならない。

2 **本来**
běnlái

・元々
我本来不想去中国，后来是李老师鼓励我去的。 Wǒ běnlái bù xiǎng qù Zhōngguó, hòulái shì Lǐ lǎoshī gǔlì wǒ qù de.
私はもとは中国に行きたくなかったが、李先生が行くことを勧めてくれたのです。

3 **差不多**
chàbuduō

・ほとんど
昨天差不多有五十个人来参加。 Zuótiān chàbuduō yǒu wǔshí ge rén lái cānjiā. きのうは大体 50 人ほどが参加した。

4 **重新**
chóngxīn

・改めて
这篇报告你还是重新写一写吧。
Zhèi piān bàogào nǐ háishi chóngxīn xiě yì xiě ba.
このレポートはあなたはやはり書き直してください。

5 **从来**
cónglái

・いままで
他从来不说自己是有名大学毕业的。
Tā cónglái bù shuō zìjǐ shì yǒumíng dàxué bìyè de.
彼は今まで有名大学を卒業したことを言ったことがない。

6 **大概**
dàgài

・大体
他大概九点来吧。 Tā dàgài jiǔ diǎn lái ba.
彼は大体９時に来るでしょう。

7 **大约**
dàyuē

・およそ
那辆车大约要三万块钱。 Nèi liàng chē dàyuē yào sānwàn kuài qián. あの車はおよそ３万元です。

8 **到处**
dàochù
・至る所
日本到处都有便利店。 Rìběn dàochù dōu yǒu biànlìdiàn.
日本には至る所にコンビニがある。

9 **到底**
dàodǐ
・一体
你到底想吃什么？ Nǐ dàodǐ xiǎng chī shénme?
あなたは一体何を食べたいの？

10 **刚刚**
gānggāng
・…したばかり
他刚刚走你就来了。 Tā gānggāng zǒu nǐ jiù lái le.
彼が出かけてまもなく、あなたが来た。

11 **共同**
gòngtóng
・共同で
他们共同研究的题目是什么？ Tāmen gòngtóng yánjiū de tímù shì shénme? 彼らが共同で研究している題目は何ですか。

12 **故意**
gùyì
・わざと
我是故意问你这个问题的。 Wǒ shì gùyì wèn nǐ zhèige wèntí de.
私はわざとあなたにこの質問をしたのだ。

13 **光**
guāng
・…ばかり
你别光说别人，得想想自己。
Nǐ bié guāng shuō biéren, děi xiǎngxiang zìjǐ.
あなたは他の人のことばかり言わないで、自分のことを考えるべきだ。

14 **果然**
guǒrán
・案の定
你说他不会来，果然真的没来。
Nǐ shuō tā bú huì lái, guǒrán zhēn de méi lái.
あなたは彼は来ないだろうと言ったが、案の定本当に来なかった。

15 **好像**
hǎoxiàng
・…ようだ
他好像不同意你的意见。 Tā hǎoxiàng bù tóngyì nǐ de yìjiàn.
彼はあなたの意見に同意しないようだ。

16 **忽然**
hūrán
・突然
那只猴子怎么忽然不见了？ Nèi zhī hóuzi zěnme hūrán bú jiàn le?
あの猿はなぜ突然いなくなったのか。

17 **互相**
hùxiāng

・**互いに**
我们应该互相学习，互相帮助。
Wǒmen yīnggāi hùxiāng xuéxí, hùxiāng bāngzhù.
私たちは互いに学び、互いに助け合わなければならない。

---

18 **极其**
jíqí

・**とても、極めて**
我觉得国际经济问题极其复杂。 Wǒ juéde guójì jīngjì wèntí jíqí fùzá. 私は国際経済の問題はとても複雑だと思う。

---

19 **及时**
jíshí

・**すぐに**
这个问题得及时解决，不能推迟。
Zhèige wèntí děi jíshí jiějué, bù néng tuīchí.
この問題はすぐ解決すべきであり、先延ばしはできない。

---

20 **尽管***
jǐnguǎn

・**遠慮せずに**
有问题，尽管给我打电话。 Yǒu wèntí, jǐnguǎn gěi wǒ dǎ diànhuà.
質問があるなら遠慮せずに私に電話をください。

---

21 **竟然**
jìngrán

・**意外にも**
他不怎么学习，竟然还考上大学了。
Tā bù zěnme xuéxí, jìngrán hái kǎoshàng dàxué le.
彼はあまり勉強しなかったのに、意外にも大学に合格した。

---

22 **究竟**
jiūjìng

・**一体**
你究竟在研究什么问题？ Nǐ jiūjìng zài yánjiū shénme wèntí?
あなたは一体どんな問題を研究しているのですか。

---

23 **肯定**
kěndìng

・**絶対に、きっと**
这个问题肯定能解决的，你放心。 Zhèige wèntí kěndìng néng jiějué de, nǐ fàngxīn. この問題は絶対解決できるから安心して。

---

24 **恐怕**
kǒngpà

・**おそらく**
恐怕他们不愿意帮助我们。 Kǒngpà tāmen bú yuànyì bāngzhù wǒmen. おそらく彼らは私たちを手伝いたくないだろう。

---

25 **难道**
nándào

・**まさか**
难道你不想学好汉语吗？ Nándào nǐ bù xiǎng xuéhǎo Hànyǔ ma?
あなたはまさか中国語をマスターしたくないの？

26 **偶尔**
ǒu'ěr

・たまに
我们偶尔去看一场电影。 Wǒmen ǒu'ěr qù kàn yì chǎng diànyǐng.
私たちはたまに映画を見に行く。

27 **千万**
qiānwàn

・絶対に
这件事你千万别告诉他。 Zhèi jiàn shì nǐ qiānwàn bié gàosu tā.
このことを決して彼に教えてはいけない。

28 **却**
què

・けれども
这个东西看起来不漂亮，却很有用。
Zhèige dōngxi kànqǐlái bú piàoliang, què hěn yǒuyòng.
この品物は見るとあまりきれいではないが、とても役に立つ。

29 **确实**
quèshí

・確実に
他确实有能力。 Tā quèshí yǒu nénglì.
彼は確かに能力がある。

30 **仍然**
réngrán

・依然として
过了十年了，他仍然是这个样子。
Guòle shí nián le, tā réngrán shì zhèige yàngzi.
10年が過ぎたのに、彼は依然としてこの調子だ。

31 **稍微**
shāowēi

・ちょっと
请您稍微等一下，我马上给您拿来。
Qǐng nín shāowēi děng yíxià, wǒ mǎshàng gěi nín nálai.
少しお待ちください、すぐにお持ちします。

32 **十分**
shífēn

・とても
这个问题十分复杂，得好好儿想想。
Zhèige wèntí shífēn fùzá, děi hǎohāor xiǎngxiang.
この問題はとても複雑だから、ちゃんと考えなければならない。

33 **实在**
shízài

・本当に、実に
那场比赛实在很精彩。 Nèi chǎng bǐsài shízài hěn jīngcǎi.
あの試合は本当にすばらしかった。

34 **首先**
shǒuxiān

・まず
你首先得解决这个问题再做那件事。
Nǐ shǒuxiān děi jiějué zhèige wèntí zài zuò nèi jiàn shì.
あなたはまずこの問題を解決してからそれをしなければならない。

35 **顺便**
shùnbiàn

・ついでに
我是顺便来看你的。 Wǒ shì shùnbiàn lái kàn nǐ de.
私はついでにあなたに会いに来たのです。

36 **随便**
suíbiàn

・自由に、気楽に
请随便坐，别客气。 Qǐng suíbiàn zuò, bié kèqi.
適当におかけください、遠慮なさらないで。

37 **提前**
tíqián

・前もって
你最好提前告诉她那件事。 Nǐ zuìhǎo tíqián gàosu tā nèi jiàn shì.
できるだけあのことを前もって彼女に教えたほうがよい。

38 **挺**
tǐng

・とても
这个人挺有意思的。 Zhèige rén tǐng yǒu yìsi de.
この人はとても面白い。

39 **完全**
wánquán

・完全に
我完全同意你的意见。 Wǒ wánquán tóngyì nǐ de yìjiàn.
私は完全にあなたの意見に同意する。

40 **往往**
wǎngwǎng

・往々にして
家庭教育的重要性往往不被重视。
Jiātíng jiàoyù de zhòngyàoxìng wǎngwǎng bú bèi zhòngshì.
家庭教育の重要性は往々にして重視されない。

41 **也许**
yěxǔ

・…かもしれない
明天也许会下雨。 Míngtiān yěxǔ huì xià yǔ.
明日は雨が降るかもしれない。

42 **永远**
yǒngyuǎn

・永遠に
我永远支持你，你放心。 Wǒ yǒngyuǎn zhīchí nǐ, nǐ fàngxīn.
私は永遠にあなたを支持するから安心して。

43 **尤其**
yóuqí

・特に
大家都不同意这个意见，尤其是女同学。
Dàjiā dōu bù tóngyì zhèige yìjiàn, yóuqí shì nǚtóngxué.
みな、特に女子学生がこの意見に同意しない。

44 **真正**
zhēnzhèng

・本当に
真正好的东西，大家都要。 Zhēnzhèng hǎo de dōngxi, dàjiā dōu yào. 本当によいものなら、みんながほしがる。

45 **正好**
zhènghǎo

・ちょうど…している、ちょうど…がある
正好有两个，一个给你，一个给他。
Zhènghǎo yǒu liǎng ge, yí ge gěi nǐ, yí ge gěi tā.
ちょうど2つあるから、1つあなたに、1つ彼にあげる。

---

46 **直接**
zhíjiē

・直接
这个问题，你直接跟他谈吧。 Zhèige wèntí, nǐ zhíjiē gēn tā tán ba.
この問題は直接彼と話してください。

---

47 **只好**
zhǐhǎo

・仕方なく
他不同意，我们只好找别人。 Tā bù tóngyì, wǒmen zhǐhǎo zhǎo biéren. 彼が同意しなかったらわれわれは別の人を探すしかない。

---

48 **至少**
zhìshǎo

・少なくとも
至少你得给他打个电话。 Zhìshǎo nǐ děi gěi tā dǎ ge diànhuà.
少なくとも彼に電話をするべきだ。

---

49 **逐渐**
zhújiàn

・だんだん
他们逐渐有兴趣学习汉语了。 Tāmen zhújiàn yǒu xìngqù xuéxí Hànyǔ le. 彼らは少しずつ中国語を勉強する興味がでてきた。

---

50 **专门**
zhuānmén

・特別に、特に
这个菜是专门为你做的。 Zhèige cài shì zhuānmén wèi nǐ zuò de.
この料理はあなたのために特別に作ったのです。

---

51 **自然**
zìrán

・自然に
只要你努力学习，自然会成功的。
Zhǐyào nǐ nǔlì xuéxí, zìrán huì chénggōng de.
一生懸命勉強しさえすれば自然に成功するものだ。

---

52 **最好**
zuìhǎo

・一番いい、できれば
你最好先打电话问一问。 Nǐ zuìhǎo xiān dǎ diànhuà wèn yí wèn.
できればあなたは先に電話で聞いてみてください。

＊ 本書では“尽管”を副詞と接続詞に入れる。

代　词（代名詞）

CD
41

1 各
gè

・各々
你们各做各的吧。 Nǐmen gè zuò gè de ba.
あなた方はそれぞれのことをしてください。

2 任何
rènhé

・いかなる
任何人都可以参加。 Rènhé rén dōu kěyǐ cānjiā.
いかなる人も参加できる。

3 一切
yíqiè

・すべて
我祝你一切顺利。 Wǒ zhù nǐ yíqiè shùnlì.
すべてが順調でありますようお祈りします。

4 咱们
zánmen

・私たち
咱们今天吃什么菜？ Zánmen jīntiān chī shénme cài?
私たち今日はどんな料理を食べましょうか。

助动词（助動詞）

CD 42

1 不得不*
bùdébù

・…しなければならない
末班车走了，我们不得不坐出租车了。
Mòbānchē zǒu le, wǒmen bùdébù zuò chūzūchē le.
終電が行ってしまったので、私たちはタクシーに乗らなければならなくなった。

2 得
děi

・…すべきだ
你得多看书，多学习。 Nǐ děi duō kàn shū, duō xuéxí.
あなたは本をたくさん読んで、よく勉強しなければならない。

＊ “不得不”は「大綱」では一語としているので、本書はそれに従う。

助　词（助　詞）

CD 43

1 等
děng

・…など
猫、狗、牛、羊等动物他都不喜欢吗?
Māo、gǒu、niú、yáng děng dòngwù tā dōu bù xǐhuan ma?
猫、犬、牛、羊などの動物は、彼は全部嫌いなの？

2 之
zhī

・…の
你们之中谁最高? Nǐmen zhī zhōng shéi zuì gāo?
あなたたちの中で誰が最も背が高いですか。

数　词（数　詞）

CD 44

1 俩 liǎ

・2人

我们俩一起去找她吧。　Wǒmen liǎ yìqǐ qù zhǎo tā ba.

私たち２人で一緒に彼女を訪ねよう。

2 亿 yì

・億

中国有多少亿人口？　Zhōngguó yǒu duōshao yì rénkǒu?

中国の人口は何億ですか。

量　词（量　詞）

CD 45

1 倍 bèi	・倍 中国比日本大二十五倍。 Zhōngguó bǐ Rìběn dà èrshiwǔ bèi. 中国は日本より 25 倍も広い。（中国の面積は日本の 26 倍だ。）
2 遍 biàn	・…回 你已经说了两遍了。 Nǐ yǐjīng shuōle liǎng biàn le. あなたはすでに２回言った。
3 场 chǎng	・芝居や試合などの回数 昨天那场比赛太精彩了。 Zuótiān nèi chǎng bǐsài tài jīngcǎi le. きのうのあの試合は大変すばらしかった。
4 顿 dùn	・食事の量詞 一天三顿饭他都在外边吃。 Yì tiān sān dùn fàn tā dōu zài wàibiān chī. 彼は１日３回の食事すべてが外食だ。
5 朵 duǒ	・花の量詞、…輪 我送你一朵花吧。 Wǒ sòng nǐ yì duǒ huā ba. あなたに花を贈ります。
6 份 fèn	・全体を分けた部分 这些钱我也有一份吧。 Zhèixiē qián wǒ yě yǒu yí fèn ba. このお金は私の分もあるよね。 ・新聞の量詞 我想买一份报纸看看。 Wǒ xiǎng mǎi yí fèn bàozhǐ kànkan. 私は新聞を１部買って読みたい。
7 公里 gōnglǐ	・キロメートル 我家离车站不到一公里。 Wǒ jiā lí chēzhàn bú dào yì gōnglǐ. 私の家は駅から１キロもない。

8 **棵**
kē

・**木の量詞**
他家后面有一棵树。 Tā jiā hòumiàn yǒu yì kē shù.
彼の家の裏に木が 1 本ある。

9 **篇**
piān

・**篇**
他一年写一篇小说。 Tā yì nián xiě yì piān xiǎoshuō.
彼は 1 年に 1 篇の小説を書いている。

10 **群**
qún

・**群れ**
山上有一群羊在吃草。 Shānshang yǒu yì qún yáng zài chī cǎo.
山で羊の群れが草を食べている。

11 **台**
tái

・**台**
这台电脑太旧了。 Zhèi tái diànnǎo tài jiù le.
このパソコンは古すぎる。

12 **趟**
tàng

・**行ったり来たりする動作の回数**
一天有几趟车到那儿? Yì tiān yǒu jǐ tàng chē dào nàr ?
1 日何回あそこへの便がありますか。

13 **页**
yè

・**ページ**
这本书你看到第几页了? Zhèi běn shū nǐ kàndào dì-jǐ yè le ?
この本は何ページまで読みましたか。

14 **只**
zhī

・**動物の量詞（…匹）**
那儿有一只狗，你小心。 Nàr yǒu yì zhī gǒu, nǐ xiǎoxīn.
そこに犬がいるので、気をつけて。

15 **座**
zuò

・**山、建物の量詞**
那座山不太高，我们上去吧。 Nèi zuò shān bú tài gāo, wǒmen shàngqu ba. あの山はあまり高くないから登りましょう。

介 词（前置詞）

CD 46

1 **按照** ànzhào

・…によって

我是按照你的意见做的。 Wǒ shì ànzhào nǐ de yìjiàn zuò de.

私はあなたのアドバイス通りにやったのです。

2 **对** duì

・…について

你对这个问题有什么意见?

Nǐ duì zhèige wèntí yǒu shénme yìjiàn?

あなたはこの問題について何か意見がありますか。

3 **连** lián

・…さえ

这个问题连小学生都能回答。 Zhèige wèntí lián xiǎoxuéshēng dōu néng huídá. この問題は小学生でも答えられる。

4 **随着** suízhe

・…につれて

随着社会的发展，人与人的关系有问题了。

Suízhe shèhuì de fāzhǎn, rén yǔ rén de guānxi yǒu wèntí le.

社会の発展につれて、人と人との関係にも問題が出てきた。

5 **通过** tōngguò

・…を通じて

我通过学习汉语了解了一点儿中国文化。

Wǒ tōngguò xuéxí Hànyǔ liǎojiěle yìdiǎnr Zhōngguó wénhuà.

中国語の勉強を通して、少し中国の文化を理解できた。

6 **往** wǎng

・…に

你别往东走，往南走。 Nǐ bié wǎng dōng zǒu, wǎng nán zǒu.

東の方に行かないで、南の方に行って。

7 **以** yǐ

・…をもって

你以什么方法解决这个问题的? Nǐ yǐ shénme fāngfǎ jiějué zhèige wèntí de? あなたはどんな方法でこの問題を解決したの？

8 **由**
yóu

・…によって

明天的会议的准备工作由你负责。

Míngtiān de huìyì de zhǔnbèi gōngzuò yóu nǐ fùzé.

明日の会議の準備はあなたが担当してください。

9 **与**
yǔ

・…と

我不与你说。 Wǒ bù yǔ nǐ shuō.

私はあなたと話さない。

连　词（接続詞）

CD 47

1 **并且**
bìngqiě
・しかも
她最近工作特别忙，并且还经常出差。
Tā zuìjìn gōngzuò tèbié máng, bìngqiě hái jīngcháng chūchāi.
彼女は最近仕事がとても忙しいのに、その上いつも出張している。

---

2 **不但**
búdàn
・…だけではなく
她不但聪明，而且很努力。 Tā búdàn cōngmíng, érqiě hěn nǔlì.
彼女は賢いだけでなく、とても努力する。

---

3 **不管**
bùguǎn
・…であろうと
不管你同意不同意，我还是要去。
Bùguǎn nǐ tóngyì bù tóngyì, wǒ háishi yào qù.
あなたが同意しようとしまいと、私はやはり行くつもりだ。

---

4 **不过**
búguò
・しかし
这个东西方便是方便，不过很贵。
Zhèige dōngxi fāngbiàn shì fāngbiàn, búguò hěn guì.
このものは便利なことは便利だが、とても高い。

---

5 **不仅**
bùjǐn
・…だけではなく
他不仅会说汉语，还会说英语。 Tā bùjǐn huì shuō Hànyǔ, hái huì shuō Yīngyǔ. 彼は中国語を話せるだけでなく、英語も話せる。

---

6 **而**
ér
・しかし、そして
上海是商业城市，而北京是文化中心。
Shànghǎi shì shāngyè chéngshì, ér Běijīng shì wénhuà zhōngxīn.
上海は商業都市であり、そして北京は文化の中心だ。

---

7 **否则**
fǒuzé
・さもなければ
你得去，否则他会生气的。 Nǐ děi qù, fǒuzé tā huì shēngqì de.
あなたは行くべきだ、さもないと彼は怒るかもしれない。

8 **即使**
jíshǐ

・たとえ…しても
即使下大雪，他也去上课。 Jíshǐ xià dà xuě, tā yě qù shàngkè.
たとえ大雪が降っても、彼は授業に行く。

9 **既然**
jìrán

・…ならば、…である以上
既然你想学习，就得好好儿学习。 Jìrán nǐ xiǎng xuéxí, jiù děi hǎohāor xuéxí. 勉強したいなら、ちゃんと勉強するべきだ。

10 **尽管***
jǐnguǎn

・…にもかかわらず
尽管我做错了很多事，他还是一直原谅我。
Jǐnguǎn wǒ zuòcuòle hěn duō shì, tā háishi yìzhí yuánliàng wǒ.
私はたくさんの過ちを犯したが、彼はずっと私を許してくれた。

11 **可是**
kěshì

・しかし
他的意见很好，可是没人听。 Tā de yìjiàn hěn hǎo, kěshì méi rén tīng. 彼の意見はよかったが誰も聞かなかった。

12 **例如**
lìrú

・たとえば
他很喜欢动物，例如猫、狗、猴子都喜欢。
Tā hěn xǐhuan dòngwù, lìrú māo、gǒu、hóuzi dōu xǐhuan.
彼は動物が大好きだ。たとえば、猫、犬、猿など全部好きだ。

13 **另外**
lìngwài

・他に
另外，你还得准备一些吃的。
Lìngwài, nǐ hái děi zhǔnbèi yìxiē chī de.
他にあなたはちょっと食べ物を準備しなければならない。

14 **然而**
rán'ér

・しかし
这个意见不错，然而怎么做呢？ Zhèige yìjiàn búcuò, rán'ér zěnme zuò ne? この意見はすばらしいが、どうするのですか。

15 **甚至**
shènzhì

・…ばかりでなく、…さえ
不但老师，甚至校长都来了。 Búdàn lǎoshī, shènzhì xiàozhǎng dōu lái le. 先生だけではなく、校長先生も来た。

16 **无论**
wúlùn

・…にかかわらず
无论冬天还是夏天，他都戴那个帽子。
Wúlùn dōngtiān háishi xiàtiān, tā dōu dài nèige màozi.
冬であろうと夏であろうと、彼はいつもあの帽子をかぶっている。

17 **因此**
yīncǐ

・したがって
人都有缺点，因此才要学习。
Rén dōu yǒu quēdiǎn, yīncǐ cái yào xuéxí.
人はみな欠点があるからこそ、勉強しなければならない。

18 **由于**
yóuyú

・…ので
由于下大雪，我们没去长城。 Yóuyú xià dà xuě, wǒmen méi qù Chángchéng. 大雪が降ったので、私たちは長城に行かなかった。

19 **于是**
yúshì

・したがって
电视一说吃苹果好，于是大家都天天吃苹果了。 Diànshì yì shuō chī píngguǒ hǎo, yúshì dàjiā dōu tiāntiān chī píngguǒ le.
テレビでリンゴがよいと言ったら、みな毎日リンゴを食べるようになった。

20 **只要**
zhǐyào

・…さえすれば
只要好好儿学习，就一定会进步的。
Zhǐyào hǎohāor xuéxí, jiù yídìng huì jìnbù de.
ちゃんと勉強しさえすれば、必ず進歩があるものだ。

＊ 本書では“尽管”を副詞と接続詞に入れる。

其　他（その他）

CD 48

1 **分之**
fēn zhī

・…分の…
他的汉语我只听懂百分之三十。
Tā de Hànyǔ wǒ zhǐ tīngdǒng bǎi fēn zhī sānshí.
彼の中国語は私は 30 パーセントしか聞き取れない。

---

2 **内**
nèi

・内、中
这个工作一个星期内要做完。 Zhèige gōngzuò yí ge xīngqī nèi yào zuòwán. この仕事は 1 週間以内に終わらなけれなならない。

---

3 **呀**
ya

・…よ
你们快来呀，有好吃的呀。 Nǐmen kuài lái ya, yǒu hǎochī de ya.
あなたたち早く来なさいよ、おいしいものがあるよ。

日本語索引

● ① ② ③ ④は級を、数字はページをあらわす

あ

ああ	啊 ā	③	95
愛情	爱情 àiqíng	④	99
愛する	爱 ài	①	10
アイデア	主意 zhǔyì	④	119
会う	见面 jiànmiàn	③	74
会う	遇到 yùdào	③	79
合う	符合 fúhé	④	126
合う	适合 shìhé	④	135
青い	蓝 lán	③	83
赤い	红 hóng	②	42
明るい	亮 liàng	④	147
秋	秋 qiū	③	65
あきらめる	放弃 fàngqì	④	126
あく	开 kāi	①	11
握手する	握手 wòshǒu	④	138
あける	开 kāi	①	11
あげる	给 gěi	②	38
朝	早上 zǎoshang	②	36
足	脚 jiǎo	③	62
脚	腿 tuǐ	③	66
味	味道 wèidào	④	114
アジア	亚洲 Yàzhōu	④	116
明日	明天 míngtiān	①	5
味見する	尝 cháng	④	122
味わう	尝 cháng	④	122
汗	汗 hàn	④	104
焦っている	着急 zháojí	③	85
あそこ	那儿 nàr	①	18
遊ぶ	玩 wán	②	39
暖かい	暖和 nuǎnhuo	④	148
新しい	新 xīn	②	43
暑い	热 rè	①	15
厚い	厚 hòu	④	145
会った	遇到 yùdào	③	79
合っている	合适 héshì	④	145
集める	集合 jíhé	④	129
圧力	压力 yālì	④	116
当てる	猜 cāi	④	122
穴埋めする	填空 tiánkòng	④	138
あなた	你 nǐ	①	18
あなたの丁寧な言い方	您 nín	②	47
兄	哥哥 gēge	②	31
姉	姐姐 jiějie	②	32
あの	那 nà(nèi)	①	18
甘い	甜 tián	③	84
雨が降る	下雨 xià yǔ	①	12
謝る	道歉 dàoqiàn	④	124
洗う	洗 xǐ	②	40
改めて	重新 chóngxīn	④	154
現れる	出现 chūxiàn	③	72
ありがとう	谢谢 xièxie	①	13
ある	有 yǒu	①	13
あるいは	或者 huòzhě	③	94
歩く	走 zǒu	②	41
あれ	那 nà(nèi)	①	18
あれ	它 tā	②	47
安心する	放心 fàngxīn	③	73
安全だ	安全 ānquán	④	143
案の定	果然 guǒrán	④	155

い

いい	行 xíng	④	151
いいえ	不 bù	①	17
いい香りがする	香 xiāng	④	150
いいかげんだ	马虎 mǎhu	④	148
いい所	好处 hǎochu	④	104
家	家 jiā	①	5
意外にも	竟然 jìngrán	④	156
いかなる	任何 rènhé	④	160

行く 去 qù ① 12
行く 走 zǒu ② 41
いくつ 多少 duōshao ① 18
いくつ 几 jǐ ① 18
いくら 多少 duōshao ① 18
いくらか 些 xiē ① 25
意見 意见 yìjiàn ④ 117
以後 以后 yǐhòu ③ 68
医者 医生 yīshēng ① 8
医者 大夫 dàifu ④ 100
いじる 弄 nòng ④ 133
椅子 椅子 yǐzi ① 8
以前 以前 yǐqián ③ 68
依然として 仍然 réngrán ④ 157
忙しい 忙 máng ② 43
痛い 疼 téng ③ 84
至る所 到处 dàochù ④ 155
1 一 yī ① 24
市場 市场 shìchǎng ④ 112
一番いい 最好 zuìhǎo ④ 159
一生懸命だ 努力 nǔlì ③ 83
一緒に 一起 yìqǐ ② 46
一体 到底 dàodǐ ④ 155
一体 究竟 jiūjìng ④ 156
行ったり来たりする動作の回数
趟 tàng ④ 164
いつも 经常 jīngcháng ③ 87
いつも 老 lǎo ③ 87
いつも 总是 zǒngshì ③ 88
偽りの 假 jiǎ ④ 145
犬 狗 gǒu ① 4
祈る 祝 zhù ③ 79
今 现在 xiànzài ① 7
いままで 从来 cónglái ④ 154
意味 意思 yìsi ② 36
妹 妹妹 mèimei ② 33
嫌がる 讨厌 tǎoyàn ④ 137
入り口 入口 rùkǒu ④ 111
いる 有 yǒu ① 13
要る 要 yào ② 40
色 颜色 yánsè ② 35
印刷する 打印 dǎyìn ④ 124
印象 印象 yìnxiàng ④ 117
インターネットをする
上网 shàngwǎng ③ 77

う

上 上 shàng(shang) ① 6
受ける 接 jiē ③ 75
受ける 接受 jiēshòu ④ 130
受ける 收 shōu ④ 136
受ける 受到 shòudào ④ 136
後ろ 后面 hòumiàn ① 4
疑う 怀疑 huáiyí ④ 128
歌を歌う 唱歌 chàng gē ② 37
内 内 nèi ④ 170
うっかりしている
粗心 cūxīn ④ 143
美しい 美丽 měilì ④ 148
腕時計 手表 shǒubiǎo ② 34
馬 马 mǎ ③ 64
生まれる 出生 chūshēng ④ 123
うらやましがる
羡慕 xiànmù ④ 139
売る 卖 mài ② 38
うれしい 高兴 gāoxìng ① 15
うれしい 快乐 kuàilè ② 43
運転手 司机 sījī ③ 66
運動する 运动 yùndòng ② 40

え

エアコン 空调 kōngtiáo ③ 63

永遠に　永远 yǒngyuǎn　④ 158
映画　电影 diànyǐng　① 4
影響　影响 yǐngxiǎng　③ 69
影響する　影响 yǐngxiǎng　③ 79
描く　画 huà　③ 74
駅　火车站 huǒchēzhàn　① 4
…駅　站 zhàn　③ 69
エレベーター　电梯 diàntī　③ 60
演じる　表演 biǎoyǎn　③ 71
鉛筆　铅笔 qiānbǐ　③ 65
遠慮せずに　尽管 jǐnguǎn　④ 156

お

（食べ物が）おいしい　好吃 hǎochī　② 42
お祝いする　祝贺 zhùhè　④ 141
往々にして　往往 wǎngwǎng　④ 158
多い　多 duō　① 15
多い　许多 xǔduō　④ 151
大きい　大 dà　① 15
大皿　盘子 pánzi　③ 64
大通り　街道 jiēdào　③ 62
お母さん　妈妈 māma　① 5
おかしい　奇怪 qíguài　③ 83
お金　钱 qián　① 6
お金の単位　角 jiǎo　③ 91
（家の）お客さん　客人 kèrén　③ 63
（店の）お客さん　顾客 gùkè　④ 103
起きる　起床 qǐchuáng　② 39
起きる　起来 qǐlai　④ 134
置く　放 fàng　③ 73
億　亿 yì　④ 162
遅らせる　推迟 tuīchí　④ 138
行う　举行 jǔxíng　③ 75
行う　进行 jìnxíng　④ 130
行う　举办 jǔbàn　④ 131
お米　米 mǐ　③ 64
怒る　生气 shēngqì　③ 77
収める　收 shōu　④ 136
叔父　叔叔 shūshu　③ 65
惜しい　可惜 kěxī　④ 146
教える　教 jiāo　③ 75
おしゃべりする　聊天 liáotiān　④ 132
お嬢さん　小姐 xiǎojie　① 8
押す　推 tuī　④ 138
汚染する　污染 wūrǎn　④ 139
遅い　慢 màn　② 43
おそらく　恐怕 kǒngpà　④ 156
お茶　茶 chá　① 3
落ちる　掉 diào　④ 125
夫　丈夫 zhàngfu　② 36
お手伝いさん　阿姨 āyí　③ 57
音　声音 shēngyīn　③ 65
お父さん　爸爸 bàba　① 3
弟　弟弟 dìdi　② 31
劣る　差 chà　③ 81
お腹　肚子 dùzi　④ 101
お腹がいっぱいだ　饱 bǎo　③ 81
お腹がすいている　饿 è　③ 82
同じだ　相同 xiāngtóng　③ 84
同じだ　一样 yíyàng　③ 84
お願いする　麻烦 máfan　④ 133
各々　各 gè　④ 160
お風呂に入る　洗澡 xǐzǎo　③ 78
覚えている　记得 jìde　③ 74
お盆　盘子 pánzi　③ 64
思い出す　回忆 huíyì　④ 128
思い出　回忆 huíyì　④ 105

思う　想 xiǎng ① 12
思う　觉得 juéde ② 38
思う　认为 rènwéi ③ 77
思う　以为 yǐwéi ③ 79
面白い　有趣 yǒuqù ④ 152
泳ぐ　游泳 yóuyǒng ② 40
およそ　大约 dàyuē ④ 154
お礼を言う　感谢 gǎnxiè ④ 127
おろかだ　笨 bèn ④ 143
終わる　完 wán ② 39
終わる　结束 jiéshù ③ 75
お椀　碗 wǎn ③ 67
音楽　音乐 yīnyuè ③ 68
音信　消息 xiāoxi ④ 115
温度　温度 wēndù ④ 114

か

…か　吗 ma ① 22
…回　次 cì ② 51
…回　遍 biàn ④ 163
…階　层 céng ③ 91
…階　楼 lóu ③ 63
会議　会议 huìyì ③ 62
解決する　解决 jiějué ③ 75
開始する　开始 kāishǐ ② 38
会社　公司 gōngsī ② 31
買い物する　购物 gòuwù ④ 127
海洋　海洋 hǎiyáng ④ 104
買う　买 mǎi ① 11
返す　还 huán ③ 74
帰る　回 huí ① 11
換える　换 huàn ③ 74
顔　脸 liǎn ③ 63
香りがある　香 xiāng ④ 150
価格　价格 jiàgé ④ 106
科学　科学 kēxué ④ 107
科学的だ　科学 kēxué ④ 146
鏡　镜子 jìngzi ④ 107
鍵　钥匙 yàoshi ④ 117
書く　写 xiě ① 12
家具　家具 jiājù ④ 105
確実に　确实 quèshí ④ 157
学生　学生 xuésheng ① 8
拡大する　扩大 kuòdà ④ 131
学長　校长 xiàozhǎng ③ 67
獲得する　获得 huòdé ④ 128
学年　年级 niánjí ③ 64
可決する　通过 tōngguò ④ 138
かける　戴 dài ④ 124
かける　挂 guà ④ 127
過去　过去 guòqù ③ 61
かさ　伞 sǎn ③ 65
かさなどの量詞
把 bǎ ③ 91
賢くない　笨 bèn ④ 143
貸す　借 jiè ③ 75
風が吹く　刮风 guā fēng ③ 73
風邪をひく　感冒 gǎnmào ③ 73
数える　点 diǎn ③ 72
数える　算 suàn ④ 137
家族の量詞　口 kǒu ③ 91
ガソリンスタンド
加油站 jiāyóuzhàn ④ 105
硬い　硬 yìng ④ 151
片付ける　收拾 shōushi ④ 136
刀　刀 dāo ④ 101
かたまりのもの
块 kuài ① 25
勝つ　赢 yíng ④ 140
学校　学校 xuéxiào ① 8
活動　活动 huódòng ④ 105
活発だ　活泼 huópo ④ 145
渇望する　渴望 kěwàng ③ 76
過程　过程 guòchéng ④ 104

かど　角 jiǎo　③　62
…がない　没 méi　①　17
悲しむ　难过 nánguò　③　77
悲しむ　伤心 shāngxīn　④　135
必ず　必须 bìxū　③　86
必ず　一定 yídìng　③　87
金持ちだ　富 fù　④　144
彼女　她 tā　①　19
カバン　包 bāo　③　57
かぶる　戴 dài　④　124
壁　墙 qiáng　④　110
かまわない　没关系 méi guānxi　①　11
髪の毛　头发 tóufa　③　66
紙の量詞　张 zhāng　②　51
カメラ　照相机 zhàoxiàngjī　③　69
…かもしれない　可能 kěnéng　②　45
…かもしれない　或者 huòzhě　③　86
…かもしれない　也许 yěxǔ　④　158
…から　从 cóng　②　52
…から　离 lí　②　52
辛い　辣 là　④　147
身体　身体 shēntǐ　②　34
借りる　借 jiè　③　75
軽い　轻 qīng　④　148
彼　他 tā　①　19
川　河 hé　③　61
かわいい　可爱 kě’ài　③　82
かわいがる　疼 téng　③　77
かわいそうだ　可怜 kělián　④　146
代わる　代替 dàitì　④　124
変わる　改变 gǎibiàn　④　126
考え　主意 zhǔyì　④　119
考える　想 xiǎng　①　12
考える　考虑 kǎolǜ　④　131
環境　环境 huánjìng　③　61
関係　关系 guānxi　③　61
歓迎する　欢迎 huānyíng　②　38
看護師　护士 hùshi　④　105
感謝する　感谢 gǎnxiè　④　127
観衆　观众 guānzhòng　④　103
感情　感情 gǎnqíng　④　102
感じる　感觉 gǎnjué　④　127
完成する　完成 wánchéng　③　78
完全に　完全 wánquán　④　158
乾燥している　干燥 gānzào　④　144
簡単だ　简单 jiǎndān　③　82
感動する　感动 gǎndòng　④　127
乾杯する　干杯 gānbēi　④　127
管理する　管理 guǎnlǐ　④　128

き

木　树 shù　③　65
キーポイント　关键 guānjiàn　④　103
黄色の　黄 huáng　③　82
機会　机会 jīhuì　③　62
聞く　听 tīng　①　12
危険だ　危险 wēixiǎn　④　150
気候　气候 qìhòu　④　110
刻む　刻 kè　③　76
記者　记者 jìzhě　④　105
技術　技术 jìshù　④　105
基準　标准 biāozhǔn　④　99
気性　脾气 píqi　④　109
起床する　起床 qǐchuáng　②　39
季節　季节 jìjié　③　62
基礎　基础 jīchǔ　④　105
鍛える　锻炼 duànliàn　③　72
汚い　脏 zāng　④　152
きちんとしている　整齐 zhěngqí　④　152

きっと	一定 yídìng	③	87
きっと	肯定 kěndìng	④	156
切符	票 piào	②	33
規定	规定 guīdìng	④	103
規定する	规定 guīdìng	④	128
気にかける	关心 guānxīn	③	74
昨日	昨天 zuótiān	①	9
木の量詞	棵 kē	④	164
希望	希望 xīwàng	②	35
希望する	希望 xīwàng	②	40
気ままだ	随便 suíbiàn	④	150
気持ち	心情 xīnqíng	④	115
気持ちがよい	舒服 shūfu	③	84
9	九 jiǔ	①	23
休暇を取る	请假 qǐngjià	④	134
牛乳	牛奶 niúnǎi	②	33
給料	工资 gōngzī	④	103
今日	今天 jīntiān	①	5
教育	教育 jiàoyù	④	106
教育する	教育 jiàoyù	④	130
京劇	京剧 jīngjù	④	107
餃子	饺子 jiǎozi	④	106
教室	教室 jiàoshì	②	32
教授	教授 jiàoshòu	④	106
競争する	竞争 jìngzhēng	④	131
共同で	共同 gòngtóng	④	155
興味	兴趣 xìngqù	③	68
距離	距离 jùlí	④	107
気楽に	随便 suíbiàn	④	158
着る	穿 chuān	②	37
きれいだ	漂亮 piàoliang	①	15
きれいだ	干净 gānjìng	③	82
キログラム	公斤 gōngjīn	②	51
キロメートル	公里 gōnglǐ	④	163
極めて	极 jí	③	87
極めて	极其 jíqí	④	156
気をつける	小心 xiǎoxīn	③	78
銀行	银行 yínháng	③	69
禁止する	禁止 jìnzhǐ	④	130
近所	附近 fùjìn	③	60
緊張している	紧张 jǐnzhāng	④	146

く

空気	空气 kōngqì	④	107
空港	机场 jīchǎng	②	32
草	草 cǎo	③	58
薬	药 yào	②	35
果物	水果 shuǐguǒ	①	7
口	嘴 zuǐ	④	120
口げんかする	吵 chǎo	④	122
靴	鞋 xié	③	67
クッキー	饼干 bǐnggān	④	99
靴下	袜子 wàzi	④	114
靴の量詞	双 shuāng	③	92
国	国家 guójiā	③	61
区別する	区别 qūbié	④	134
雲	云 yún	③	69
曇りの	阴 yīn	②	43
暗い	暗 àn	④	143
クラス	班 bān	③	57
来る	来 lái	①	11
苦しい	苦 kǔ	④	146
車の量詞	辆 liàng	③	91
クレジットカード	信用卡 xìnyòngkǎ	④	116
くれる	给 gěi	②	38
黒い	黑 hēi	②	42
詳しい	详细 xiángxì	④	150

け

計画	计划 jìhuà	④	105
計画する	计划 jìhuà	④	129

経験	经验	jīngyàn	④	106
経験する	经历	jīnglì	④	130
経済	经济	jīngjì	④	106
警察	警察	jǐngchá	④	107
芸術	艺术	yìshù	④	117
携帯する	带	dài	③	72
携帯電話	手机	shǒujī	②	34
ケーキ	蛋糕	dàngāo	③	59
ゲーム	游戏	yóuxì	③	69
景色	风景	fēngjǐng	④	102
消す	关	guān	③	73
結果	结果	jiéguǒ	④	106
結婚する	结婚	jiéhūn	③	75
決定する	决定	juédìng	③	76
欠点	缺点	quēdiǎn	④	111
…けれど	虽然	suīrán	③	94
けれども	却	què	④	157
券	票	piào	②	33
元	块	kuài	①	25
元	元	yuán	②	51
原因	原因	yuányīn	④	118
見学する	参观	cānguān	④	122
厳格だ	严格	yángé	④	151
言語	语言	yǔyán	④	118
健康だ	健康	jiànkāng	③	82
検査する	检查	jiǎnchá	③	74
堅持する	坚持	jiānchí	④	129
現実的だ	实际	shíjì	④	149
現代	现代	xiàndài	④	115

こ

5	五	wǔ	①	24
語	词语	cíyǔ	③	59
公園	公园	gōngyuán	③	60
公園	花园	huāyuán	③	61
効果	效果	xiàoguǒ	④	115
後悔する	后悔	hòuhuǐ	④	128
合格している	合格	hégé	④	145
高級だ	高级	gāojí	④	144
合計	一共	yígòng	③	87
広告	广告	guǎnggào	④	103
構成する	组成	zǔchéng	④	142
校長	校长	xiàozhǎng	③	67
交通	交通	jiāotōng	④	106
幸福	幸福	xìngfú	④	116
興奮している	激动	jīdòng	④	145
興奮している	兴奋	xīngfèn	④	151
傲慢だ	骄傲	jiāo’ào	④	146
交流する	交流	jiāoliú	④	130
声	声音	shēngyīn	③	65
超える	超过	chāoguò	④	122
コーヒー	咖啡	kāfēi	②	32
誤解する	误会	wùhuì	④	139
国際	国际	guójì	④	103
黒板	黑板	hēibǎn	③	61
ここ	这儿	zhèr	①	19
午後	下午	xiàwǔ	①	7
こする	擦	cā	④	122
午前	上午	shàngwǔ	①	6
答える	回答	huídá	②	38
ご馳走する	请客	qǐngkè	④	134
コップ	杯子	bēizi	①	3
事	事情	shìqing	②	34
孤独だ	孤单	gūdān	④	144
事の量詞	件	jiàn	②	51
子供	孩子	háizi	②	32
断る	拒绝	jùjué	④	131
この	这	zhè(zhèi)	①	19
好む	爱	ài	①	10
好む	喜欢	xǐhuan	①	12
ご飯	米饭	mǐfàn	①	5
ご飯の量詞（…杯）	碗	wǎn	③	92
コピーする	复印	fùyìn	④	126

細かく詳しい	仔细	zǐxì	④	153
ゴミ箱	垃圾桶	lājītǒng	④	107
これ	这	zhè(zhèi)	①	19
怖がる	害怕	hàipà	③	74
壊す	坏	huài	③	74
困難	困难	kùnnan	④	107

さ

…歳	岁	suì	①	25
最近	最近	zuìjìn	③	70
最後	最后	zuìhòu	④	120
祭日	节日	jiérì	③	62
採択する	通过	tōngguò	④	138
サイト	网站	wǎngzhàn	④	114
材料	材料	cáiliào	④	99
…さえ	连	lián	④	165
…さえ	甚至	shènzhì	④	168
…さえすれば	只要	zhǐyào	④	169
探す	找	zhǎo	②	41
魚	鱼	yú	②	36
差がない	差不多	chàbuduō	④	143
下がる	降低	jiàngdī	④	129
先に	先	xiān	③	87
先ほど	刚才	gāngcái	③	60
作者	作者	zuòzhě	④	120
昨年	去年	qùnián	②	33
下げる	降低	jiàngdī	④	129
(…を) 指す	指	zhǐ	④	141
座席	座位	zuòwèi	④	120
…させる	让	ràng	②	52
…冊	本	běn	①	25
サッカーをする	踢足球	tī zúqiú	②	39
雑誌	杂志	zázhì	④	118
砂糖	糖	táng	③	66
寒い	冷	lěng	①	15
さもなければ	否则	fǒuzé	④	167
作用	作用	zuòyòng	③	70
さようなら	再见	zàijiàn	①	13
更に	更	gèng	③	86
猿	猴子	hóuzi	④	104
3	三	sān	①	23
…さん	先生	xiānsheng	①	7
参加する	参加	cānjiā	③	72
残業する	加班	jiābān	④	129
散歩する	散步	sànbù	④	134

し

字	字	zì	①	9
何時の「時」	点	diǎn	①	3
試合	比赛	bǐsài	③	58
塩	盐	yán	④	116
塩辛い	咸	xián	④	150
しかし	但是	dànshì	②	53
しかし	不过	búguò	④	167
しかし	而	ér	④	167
しかし	可是	kěshì	④	168
しかし	然而	rán’ér	④	168
仕方なく	只好	zhǐhǎo	④	159
しかも	而且	érqiě	③	94
しかも	并且	bìngqiě	④	167
時間	时间	shíjiān	②	34
…時間	小时	xiǎoshí	②	35
時間通りだ	准时	zhǔnshí	④	153
時間通りに	按时	ànshí	④	154
試験	考试	kǎoshì	②	32
仕事をする	工作	gōngzuò	①	10
支持する	支持	zhīchí	④	141
辞書	词典	cídiǎn	④	100
師匠	师傅	shīfu	④	112
自信	信心	xìnxīn	④	115
静かだ	安静	ānjìng	③	81

静かにする　安静 ānjìng　③　71
自然に　自然 zìrán　④　159
下　下 xià　①　7
下　底 dǐ　④　101
…した　了 le　①　22
…したい　想 xiǎng　①　21
…したいと願う
愿意 yuànyì　③　79
したがって　因此 yīncǐ　④　169
したがって　于是 yúshì　④　169
…したことがある
过 guo　②　49
…したばかり　刚刚 gānggāng　④　155
質　质量 zhìliàng　④　119
湿気がある　湿润 shīrùn　④　149
実際　实际 shíjì　④　112
実際的だ　实际 shíjì　④　149
知っている　知道 zhīdào　②　41
実に　实在 shízài　④　157
実は　其实 qíshí　③　87
実は　实际 shíjì　④　112
失敗する　失败 shībài　④　135
失望する　失望 shīwàng　④　135
質問　问题 wèntí　②　35
質問をする　问 wèn　②　40
…している　在 zài　①　17
…している／ある
着 zhe　②　49
…してから～する
再 zài　②　46
…してください
请 qǐng　①　11
…してください
吧 ba　②　49
…してほしい　希望 xīwàng　②　40
字典　字典 zìdiǎn　③　70
自転車　自行车 zìxíngchē　②　36
児童　儿童 értóng　④　102
…しない　不 bù　①　17
…しないで　别 bié　②　45
…しなかった　没 méi　①　17
…しながら　一边 yìbiān　③　87
…しなければならない
要 yào　②　48
…しなければならない
应该 yīnggāi　③　89
…しなければならない
不得不 bùdébù　④　161
…しなさい　吧 ba　②　49
死ぬ　死 sǐ　④　136
芝居や試合などの回数
场 chǎng　④　163
自発的だ　主动 zhǔdòng　④　153
しばらく　一会儿 yíhuìr　③　68
しばらく　暂时 zànshí　④　118
自分　自己 zìjǐ　③　70
…しましょう　吧 ba　②　49
事務室　办公室 bàngōngshì
③　57
示す　表示 biǎoshì　③　71
閉める　关 guān　③　73
社会　社会 shèhuì　④　111
写真　照片 zhàopiàn　③　69
社長　经理 jīnglǐ　③　62
邪魔する　打扰 dǎrǎo　④　123
週　星期 xīngqī　①　8
10　十 shí　①　23
周囲　周围 zhōuwéi　④　119
習慣　习惯 xíguàn　③　67
集合する　集合 jíhé　④　129
15分　刻 kè　③　91
修士　硕士 shuòshì　④　113
重視する　重视 zhòngshì　④　141
住所　地址 dìzhǐ　④　101
ジュース　果汁 guǒzhī　③　61
渋滞する　堵车 dǔchē　④　125

重点	重点 zhòngdiǎn	④	119
自由に	随便 suíbiàn	④	158
収入	收入 shōurù	④	112
十分だ	够 gòu	④	144
10分の1元	角 jiǎo	③	91
週末	周末 zhōumò	③	69
重要だ	重要 zhòngyào	③	85
重要だ	关键 guānjiàn	④	144
修理する	修 xiū	④	139
授業	课 kè	②	32
宿題	作业 zuòyè	③	70
出演する	演出 yǎnchū	④	140
出勤する	上班 shàngbān	②	39
出張する	出差 chūchāi	④	123
出発する	出发 chūfā	④	123
首都	首都 shǒudū	④	112
趣味	爱好 àihào	③	57
主要だ	主要 zhǔyào	③	85
…種類	种 zhǒng	③	92
順序	顺序 shùnxù	④	113
順調だ	顺利 shùnlì	④	149
準備する	准备 zhǔnbèi	②	41
省	省 shěng	④	112
紹介する	介绍 jièshào	②	38
状況	情况 qíngkuàng	④	110
賞金	奖金 jiǎngjīn	④	106
条件	条件 tiáojiàn	④	114
正午	中午 zhōngwǔ	①	9
小説	小说 xiǎoshuō	④	115
消息	消息 xiāoxi	④	115
招待する	邀请 yāoqǐng	④	140
承諾する	允许 yǔnxǔ	④	140
冗談を言う	开玩笑 kāi wánxiào	④	131
商店	商店 shāngdiàn	①	6
商売する	做生意 zuò shēngyi	④	142
証明する	证明 zhèngmíng	④	141
将来	将来 jiānglái	④	106
ジョギングする	跑步 pǎobù	②	39
職業	职业 zhíyè	④	119
食事の量詞	顿 dùn	④	163
食品	食品 shípǐn	④	112
植物	植物 zhíwù	④	119
女性	女人 nǚrén	②	33
しょっちゅう	老 lǎo	③	87
知らせる	通知 tōngzhī	④	138
知り合う	认识 rènshi	①	12
白い	白 bái	②	42
深刻だ	严重 yánzhòng	④	151
信じる	相信 xiāngxìn	③	78
申請する	申请 shēnqǐng	④	135
申請用紙	表格 biǎogé	④	99
親戚	亲戚 qīnqi	④	110
親切にする	关心 guānxīn	③	74
新鮮だ	新鲜 xīnxiān	③	84
身長	个子 gèzi	④	103
心配する	担心 dānxīn	③	72
新聞	报纸 bàozhǐ	②	31
新聞の量詞	份 fèn	④	163
人民元	人民币 Rénmínbì	④	111
信頼する	信任 xìnrèn	④	139
森林	森林 sēnlín	④	111

す

スイカ	西瓜 xīguā	②	35
数学	数学 shùxué	③	66
数字	数字 shùzì	④	113
スーパー	超市 chāoshì	③	58
スープ	汤 tāng	④	114
数量	数量 shùliàng	④	113
末	底 dǐ	④	101
スカート	裙子 qúnzi	③	65

好きだ	喜欢	xǐhuan	①	12
…すぎる	太	tài	①	17
少ない	少	shǎo	①	15
少なくとも	至少	zhìshǎo	④	159
すぐに	就	jiù	②	45
すぐに	马上	mǎshàng	③	87
すぐに	及时	jíshí	④	156
少し	一点（儿）	yìdiǎn(r)	③	95
少し	有点儿	yǒudiǎnr	③	88
涼しい	凉快	liángkuai	④	147
ずっと	一直	yìzhí	③	88
すっぱい	酸	suān	④	149
すでに	已经	yǐjīng	②	45
捨てる	扔	rēng	④	134
すばらしい	精彩	jīngcǎi	④	146
…すべきだ	得	děi	④	161
すべて	一切	yíqiè	④	160
すべての	所有	suǒyǒu	④	150
スポーツ	运动	yùndòng	②	36
ズボン	裤子	kùzi	③	63
ズボンなどの量詞	条	tiáo	③	92
すみません	对不起	duìbuqǐ	①	10
住む	住	zhù	①	13
する	做	zuò	①	13
する	干	gàn	④	127
する	弄	nòng	④	133
…する価値がある	值得	zhíde	④	141
…するつもりだ	要	yào	②	48
…するつもりだ	准备	zhǔnbèi	②	48
…するつもりだ	打算	dǎsuàn	③	89
…するのが～	得	de	②	49
…する勇気がある	敢	gǎn	③	89
…する予定だ	要	yào	②	48
座る	坐	zuò	①	13

せ

姓	姓	xìng	②	35
性格	脾气	píqi	④	109
性格	性格	xìnggé	④	116
正確だ	正确	zhèngquè	④	152
正確だ	准确	zhǔnquè	④	153
生活	生活	shēnghuó	④	111
生活する	生活	shēnghuó	④	135
世紀	世纪	shìjì	④	112
制限する	限制	xiànzhì	④	139
成功する	成功	chénggōng	④	122
精彩がある	精彩	jīngcǎi	④	146
正式だ	正式	zhèngshì	④	152
誠実だ	诚实	chéngshí	④	143
成熟する	成熟	chéngshú	④	123
正常だ	正常	zhèngcháng	④	152
精神	精神	jīngshén	④	107
成績	成绩	chéngjì	③	59
製造する	制造	zhìzào	④	141
成長する	长	zhǎng	③	79
性別	性别	xìngbié	④	116
生命	生命	shēngmìng	④	112
整理する	整理	zhěnglǐ	④	141
世界	世界	shìjiè	③	65
責任	责任	zérèn	④	118
責任を負う	负责	fùzé	④	126
せきをする	咳嗽	késou	④	131
積極的だ	积极	jījí	④	145
積極的だ	主动	zhǔdòng	④	153
絶対に	肯定	kěndìng	④	156
絶対に	千万	qiānwàn	④	157

説明する	讲 jiǎng	③	74
説明する	解释 jiěshì	④	130
説明する	说明 shuōmíng	④	136
節約する	节约 jiéyuē	④	130
節約する	省 shěng	④	135
狭い	窄 zhǎi	④	152
0	零 líng	①	23
千	千 qiān	②	50
専攻	专业 zhuānyè	④	119
先生	老师 lǎoshī	①	5
全体を分けた部分	份 fèn	④	163
洗濯機	洗衣机 xǐyījī	④	115
選択する	选择 xuǎnzé	③	78
全部	全部 quánbù	④	111
全部で	一共 yígòng	③	87

そ

増加する	增长 zēngzhǎng	④	141
掃除する	打扫 dǎsǎo	③	72
送信する	发 fā	④	125
相談する	商量 shāngliang	④	134
聡明だ	聪明 cōngmíng	③	81
速度	速度 sùdù	④	113
そこ	那儿 nàr	①	18
底	底 dǐ	④	101
組織	组织 zǔzhī	④	120
組織する	组织 zǔzhī	④	142
そして	而 ér	④	167
卒業する	毕业 bìyè	④	122
外	外 wài	②	34
その	那 nà(nèi)	①	18
そのあと	然后 ránhòu	③	94
その後	后来 hòulái	④	104
その他	其他 qítā	③	89
その次	其次 qícì	④	110
その中	其中 qízhōng	④	110
そば	旁边 pángbiān	②	33
そば	面条 miàntiáo	③	64
ソファ	沙发 shāfā	④	111
それ	那 nà(nèi)	①	18
それ	它 tā	②	47
それとも	还是 háishi	③	94
尊重する	尊重 zūnzhòng	④	142

た

台	台 tái	④	164
体育	体育 tǐyù	③	66
第一	第一 dì yī	②	50
ダイエットする	减肥 jiǎnféi	④	129
大学院生	研究生 yánjiūshēng	④	116
退屈だ	无聊 wúliáo	④	150
大使館	大使馆 dàshǐguǎn	④	100
大体	大概 dàgài	④	154
態度	态度 tàidu	④	113
台所	厨房 chúfáng	③	59
代表	代表 dàibiǎo	④	100
大変…	太 tài	①	17
太陽	太阳 tàiyáng(tàiyang)	③	66
対話	对话 duìhuà	④	101
対話する	对话 duìhuà	④	125
耐えられない	受不了 shòubuliǎo	④	136
タオル	毛巾 máojīn	④	108
高い	高 gāo	②	42
（値段が）高い	贵 guì	②	42
互いに	互相 hùxiāng	④	156
高める	提高 tígāo	③	77
だから	所以 suǒyǐ	②	53

抱く	抱 bào	④	121
タクシー	出租车 chūzūchē	①	3
蓄える	积累 jīlěi	④	128
だけ	只 zhǐ	③	88
…だけではなく	不但 búdàn	④	167
…だけではなく	不仅 bùjǐn	④	167
出す	发 fā	④	125
訪ねる	找 zhǎo	②	41
叩く	敲 qiāo	④	134
正しい	对 duì	④	144
立つ	站 zhàn	③	79
断つ	断 duàn	④	125
卓球	乒乓球 pīngpāngqiú	④	109
建物	楼 lóu	③	63
建物の量詞	座 zuò	④	164
たとえ…しても	即使 jíshǐ	④	168
たとえば	例如 lìrú	④	168
他人	别人 biéren	③	58
楽しい	愉快 yúkuài	④	152
タバコを吸う	抽烟 chōu yān	④	123
食べる	吃 chī	①	10
卵	鸡蛋 jīdàn	②	32
騙す	骗 piàn	④	133
たまに	偶尔 ǒu'ěr	④	157
試す	试 shì	④	135
誰	谁 shéi(shúi)	①	18
単語	词语 cíyǔ	③	59
誕生日	生日 shēngrì	②	34
ダンスをする	跳舞 tiàowǔ	②	39
男性	男人 nánrén	②	33
だんだん	越 yuè	③	88
だんだん	逐渐 zhújiàn	④	159
段取りをつける	安排 ānpái	④	121
段落	段 duàn	③	91

ち

血	血 xiě、xuè	④	115
小さい	小 xiǎo	①	16
遅延する	推迟 tuīchí	④	138
近い	近 jìn	②	43
地下鉄	地铁 dìtiě	③	59
力	力气 lìqi	④	108
地球	地球 dìqiú	④	101
遅刻する	迟到 chídào	③	72
知識	知识 zhīshi	④	119
地図	地图 dìtú	③	59
父親	父亲 fùqīn	④	102
父方の祖父	爷爷 yéye	③	68
父方の祖母	奶奶 nǎinai	③	64
チャンス	机会 jīhuì	③	62
注意する	注意 zhùyì	③	80
注意を促す	提醒 tíxǐng	④	137
中間	中间 zhōngjiān	③	69
中国	中国 Zhōngguó	①	8
中国語	汉语 Hànyǔ	①	4
中国語	中文 Zhōngwén	④	119
注射する	打针 dǎzhēn	④	124
中年の婦人に対する愛称	阿姨 āyí	③	57
注文する	点 diǎn	③	72
長江	长江 Cháng Jiāng	④	100
調査する	调查 diàochá	④	125
ちょうど…	正在 zhèngzài	②	46
ちょうど…がある	正好 zhènghǎo	④	159
ちょうど…している	正好 zhènghǎo	④	159
直接	直接 zhíjiē	④	159
直接である	直接 zhíjiē	④	153

チョコレート	巧克力 qiǎokèlì	④	110
ちょっと（人に呼びかける）	喂 wéi(wèi)	①	27
ちょっと	稍微 shāowēi	④	157
著名だ	著名 zhùmíng	④	153
賃貸する	租 zū	④	142

つ

ついでに	顺便 shùnbiàn	④	158
ついに	终于 zhōngyú	③	88
使う	用 yòng	③	79
使う	使用 shǐyòng	④	135
疲れている	累 lèi	②	43
月	月 yuè	①	8
月	月亮 yuèliang	③	69
付き添う	陪 péi	④	133
着く	到 dào	②	37
机	桌子 zhuōzi	①	9
机の量詞	张 zhāng	②	51
作る	做 zuò	①	13
つける	戴 dài	④	124
伝える	告诉 gàosu	②	38
続ける	继续 jìxù	④	129
包み	包 bāo	③	57
包む	包 bāo	③	71
つなぐ	连 lián	④	132
つの	角 jiǎo	③	62
妻	妻子 qīzi	②	33
つらい	难过 nánguò	③	77
つらい	苦 kǔ	④	146
つらい	难受 nánshòu	④	148
つらい	辛苦 xīnkǔ	④	150
連れる	带 dài	③	72

て

…で	在 zài	①	26
…である以上	既然 jìrán	④	168
…であろうと	不管 bùguǎn	④	167
提供する	提供 tígōng	④	137
停止する	停止 tíngzhǐ	④	138
提出する	交 jiāo	④	130
デート	约会 yuēhuì	④	118
テーブル	桌子 zhuōzi	①	9
手紙	信 xìn	③	67
適応する	适应 shìyìng	④	136
適時である	及时 jíshí	④	145
適当だ	随便 suíbiàn	④	150
…できる	会 huì	①	21
…できる	能 néng	①	21
…できる	可以 kěyǐ	②	48
できれば	最好 zuìhǎo	④	159
手伝う	帮助 bāngzhù	②	37
手伝う	帮忙 bāngmáng	③	71
テニス	网球 wǎngqiú	④	114
手配する	安排 ānpái	④	121
出る	出 chū	②	37
テレビ	电视 diànshì	①	4
点	分 fēn	③	60
（サービス業界の）店員	服务员 fúwùyuán	②	31
店員	售货员 shòuhuòyuán	④	113
天気	天气 tiānqì	①	7
電灯	灯 dēng	③	59
電話をかける	打电话 dǎ diànhuà	①	10

と

…と	和 hé	①	26

…と	地 de	③	90
…と	跟 gēn	③	93
…と	与 yǔ	④	166
ドア	门 mén	②	33
…という名前である	叫 jiào	①	11
…という名字である	姓 xìng	②	40
…といえる	算 suàn	④	137
トイレ	洗手间 xǐshǒujiān	③	67
答案	答案 dá’àn	④	100
同意する	同意 tóngyì	③	78
どういたしまして	不客气 bú kèqi	①	10
同級生	同学 tóngxué	①	7
道具	工具 gōngjù	④	103
動作	动作 dòngzuò	④	101
当時	当时 dāngshí	④	101
どうして	为什么 wèishénme	②	47
同情する	同情 tóngqíng	④	138
当然	当然 dāngrán	③	86
当然だ	当然 dāngrán	③	81
どうぞ	请 qǐng	①	11
当地	当地 dāngdì	④	100
どうですか	怎么样 zěnmeyàng	①	19
動物	动物 dòngwù	③	60
動物の量詞（…匹）	只 zhī	④	164
同僚	同事 tóngshì	③	66
討論する	讨论 tǎolùn	④	137
遠い	远 yuǎn	②	44
通る	经过 jīngguò	③	75
通る	通过 tōngguò	④	138
…時	时候 shíhou	①	7
とぎれる	断 duàn	④	125
得意だ	得意 déyì	④	144
特徴	特点 tèdiǎn	④	114
特に	尤其 yóuqí	④	158
特に	专门 zhuānmén	④	159
特別	特别 tèbié	③	87
特別に	专门 zhuānmén	④	159
どこ	哪儿 nǎr	①	18
年	年 nián	①	5
年老いた	老 lǎo	③	83
図書館	图书馆 túshūguǎn	③	66
突然	忽然 hūrán	④	155
突然だ	突然 tūrán	③	84
とても	很 hěn	①	17
とても	极其 jíqí	④	156
とても	十分 shífēn	④	157
とても	挺 tǐng	④	158
留まる	留 liú	④	132
隣近所	邻居 línjū	③	63
どの	哪 nǎ(něi)	①	18
どのように	怎么 zěnme	①	19
トマト	西红柿 xīhóngshì	④	114
泊まる	住 zhù	①	13
…とみなす	算 suàn	④	137
友達	朋友 péngyou	①	6
共に	都 dōu	①	17
虎	老虎 lǎohǔ	④	108
トランク	行李箱 xínglixiāng	③	68
鳥	鸟 niǎo	③	64
努力する	努力 nǔlì	③	77
取る	取 qǔ	④	134
どれ	哪 nǎ(něi)	①	18
どんな	什么 shénme	①	19
どんなにか	多么 duōme	③	86

な

ない	无 wú	④	139
…ない	不 bù	①	17
内容	内容 nèiróng	④	109
中	内 nèi	④	170

長い　長 cháng　② 42
(時間が）長い
　久 jiǔ　③ 82
泣く　哭 kū　③ 76
なくす　丢 diū　④ 125
なぜ　怎么 zěnme　① 19
なぜならば　因为 yīnwèi　② 53
夏　夏 xià　③ 67
夏休みが始まる
　放暑假 fàng shǔjià　④ 126
…など　等 děng　④ 161
7　七 qī　① 23
何　什么 shénme　① 19
名前　名字 míngzi　① 5
怠けている　懒 lǎn　④ 147
涙を流す　流泪 liúlèi　④ 132
悩む　烦恼 fánnǎo　④ 126
…ならば　既然 jìrán　④ 168
鳴る　响 xiǎng　④ 139
なるほど　原来 yuánlái　④ 118
慣れる　习惯 xíguàn　③ 78
何～　几 jǐ　① 18

に

2　二 èr　① 23
…に　到 dào　② 52
…に　对 duì　② 52
…に　给 gěi　② 52
…に　向 xiàng　② 52
…に　地 de　③ 90
…に　为 wèi　③ 93
…に　往 wǎng　④ 165
…にある　在 zài　① 13
…にいる　在 zài　① 13
…にかかわらず
　无论 wúlùn　④ 168
にぎやかだ　热闹 rènao　④ 149
…に～させる　使 shǐ　③ 93
…に～される　被 bèi　③ 93
西　西 xī　③ 95
にせの　假 jiǎ　④ 145
…について　关于 guānyú　③ 93
…について　对 duì　④ 165
日記　日记 rìjì　④ 111
日光　阳光 yángguāng　④ 117
…につれて　随着 suízhe　④ 165
…になった　了 le　① 22
…になる　成为 chéngwéi　④ 123
…になる　当 dāng　④ 124
…に似ている　像 xiàng　③ 78
…にもかかわらず
　尽管 jǐnguǎn　④ 168
ニュース　新闻 xīnwén　③ 67
…によって　按照 ànzhào　④ 165
…によって　由 yóu　④ 166
…によると　根据 gēnjù　③ 93
人気がある　火 huǒ　④ 145
忍耐力　耐心 nàixīn　④ 109
任務　任务 rènwu　④ 111

ぬ

脱ぐ　脱 tuō　④ 138

ね

ねえ　喂 wéi(wèi)　① 27
猫　猫 māo　① 5
熱がある　发烧 fāshāo　③ 73
熱心だ　热情 rèqíng　③ 83
眠い　困 kùn　④ 146
寝る　睡觉 shuìjiào　① 12

年齢	年龄 niánlíng	④	109

の

…の	的 de	①	22
…の	之 zhī	④	161
農村	农村 nóngcūn	④	109
能力	能力 nénglì	④	109
ノート	笔记本 bǐjìběn	④	99
残す	留 liú	④	132
残す	剩 shèng	④	135
残る	剩 shèng	④	135
…のために	为 wèi	③	93
…のために	为了 wèile	③	93
…ので	由于 yóuyú	④	169
…の中	里 lǐ(li)	①	5
飲み物	饮料 yǐnliào	④	117
飲む	喝 hē	①	10
乗る	骑 qí	③	77
（交通機関に）乗る	坐 zuò	③	80
乗る	乘坐 chéngzuò	④	123

は

…は？	呢 ne	①	22
葉	叶子 yèzi	④	117
倍	倍 bèi	④	163
俳優	演员 yǎnyuán	④	116
入る	进 jìn	②	38
配列する	排列 páiliè	④	133
博士	博士 bóshì	④	99
…ばかり	光 guāng	④	155
…ばかりでなく	甚至 shènzhì	④	168
計る	估计 gūjì	④	127
拍手する	鼓掌 gǔzhǎng	④	127
励ます	鼓励 gǔlì	④	127
箱	盒子 hézi	④	104
運ぶ	搬 bān	③	71
箸	筷子 kuàizi	③	63
橋	桥 qiáo	④	110
箸の量詞	双 shuāng	③	92
始まる	开始 kāishǐ	②	38
場所	地方 dìfang	③	59
バス	公共汽车 gōnggòng qìchē	②	31
恥ずかしい	害羞 hàixiū	④	145
バスケットボールをする	打篮球 dǎ lánqiú	②	37
パスポート	护照 hùzhào	③	61
パスワード	密码 mìmǎ	④	108
パソコン	电脑 diànnǎo	①	3
パソコンのメール	电子邮件 diànzǐ yóujiàn	③	60
働く	工作 gōngzuò	①	10
8	八 bā	①	23
はっきりしている	清楚 qīngchu	③	83
発見する	发现 fāxiàn	③	73
発生する	发生 fāshēng	④	125
発展する	发展 fāzhǎn	④	125
…は～です	是 shì	①	12
バドミントン	羽毛球 yǔmáoqiú	④	118
鼻	鼻子 bízi	③	58
花	花 huā	③	61
話をする	说话 shuōhuà	①	12
話す	讲 jiǎng	③	74
話す	谈 tán	④	137
花園	花园 huāyuán	③	61
バナナ	香蕉 xiāngjiāo	③	67
花の量詞、…輪	朵 duǒ	④	163

離れる　离开 líkāi　③ 76
母親　母亲 mǔqīn　④ 108
歯磨き　牙膏 yágāo　④ 116
速い　快 kuài　② 43
春　春 chūn　③ 59
晴れている　晴 qíng　② 43
歯を磨く　刷牙 shuā yá　③ 77
パン　面包 miànbāo　③ 64
範囲　范围 fànwéi　④ 102
反映する　反映 fǎnyìng　④ 126
番組　节目 jiémù　③ 62
番号　号 hào　② 32
番号　号码 hàomǎ　④ 104
ハンサムだ　帅 shuài　④ 149
パンダ　熊猫 xióngmāo　③ 68
反対する　反对 fǎnduì　④ 126
反対である　相反 xiāngfǎn　④ 150
判断する　判断 pànduàn　④ 133
販売員　售货员 shòuhuòyuán　④ 113
半分　半 bàn　③ 90
万里の長城　长城 Chángchéng　④ 100

ひ

日　日 rì　① 6
火　火 huǒ　④ 105
ピアノを弾く　弹钢琴 tán gāngqín　④ 137
ビール　啤酒 píjiǔ　③ 64
比較する　比较 bǐjiào　③ 71
比較的　比较 bǐjiào　③ 86
東　东 dōng　③ 95
光　光 guāng　④ 103
引き起こす　引起 yǐnqǐ　④ 140
引き寄せる　吸引 xīyǐn　④ 139
（背が）低い　矮 ǎi　③ 81
低い　低 dī　③ 81
飛行機　飞机 fēijī　① 4
飛行機の便　航班 hángbān　④ 104
ビザ　签证 qiānzhèng　④ 110
非常に　非常 fēicháng　② 45
非常に　特别 tèbié　③ 87
ビスケット　饼干 bǐnggān　④ 99
左側　左边 zuǒbiān　② 36
びっくりする　吃惊 chījīng　④ 123
羊の肉　羊肉 yángròu　② 35
引っ張る　拉 lā　④ 131
必要とする　需要 xūyào　③ 78
人　人 rén　① 6
ひどい　厉害 lìhai　④ 147
一つ一つ　每 měi　② 47
人の量詞　位 wèi　③ 92
ビニール袋　塑料袋 sùliàodài　④ 113
日にち　号 hào　② 32
批判する　批评 pīpíng　④ 133
響く　响 xiǎng　④ 139
皮膚　皮肤 pífū　④ 109
百　百 bǎi　② 50
病院　医院 yīyuàn　① 8
病気になる　生病 shēngbìng　② 39
表現する　表达 biǎodá　④ 122
標準　标准 biāozhǔn　④ 99
標準語　普通话 pǔtōnghuà　③ 65
標準的だ　标准 biāozhǔn　④ 143
開く　开 kāi　① 11
昼　中午 zhōngwǔ　① 9
ビル　楼 lóu　③ 63
広い　宽 kuān　④ 146
ビン　瓶子 píngzi　④ 110

ふ

ファクシミリ　传真 chuánzhēn　④ 100

増える	増加 zēngjiā	④	140
フォーム	表格 biǎogé	④	99
深い	深 shēn	④	149
服	衣服 yīfu	①	8
拭く	擦 cā	④	122
複雑だ	复杂 fùzá	④	144
復習する	复习 fùxí	③	73
服の量詞	件 jiàn	②	51
含む	包括 bāokuò	④	121
符合する	符合 fúhé	④	126
不足する	缺少 quēshǎo	④	134
豚	猪 zhū	④	119
再び	再 zài	②	46
２つ	两 liǎng	②	50
２人	俩 liǎ	④	162
普段	平时 píngshí	④	109
普通だ	一般 yìbān	③	85
ぶつかる	撞 zhuàng	④	142
ブドウ	葡萄 pútao	③	65
太っている	胖 pàng	③	83
船	船 chuán	②	31
部分	部分 bùfen	④	99
普遍的だ	普遍 pǔbiàn	④	148
冬	冬 dōng	③	60
冬休み	寒假 hánjià	④	104
ぶらぶらする	逛 guàng	④	128
プリントアウトする	打印 dǎyìn	④	124
古い	旧 jiù	③	82
プレゼント	礼物 lǐwù	③	63
プレゼントする	送 sòng	②	39
分	分 fēn	③	60
文	句子 jùzi	③	62
文化	文化 wénhuà	③	67
…分間	分钟 fēnzhōng	①	25
文章	文章 wénzhāng	④	114
…分の…	分之 fēn zhī	④	170
文法	语法 yǔfǎ	④	118

へ

…へ	到 dào	②	52
ページ	页 yè	④	164
北京	北京 Běijīng	①	3
部屋	房间 fángjiān	②	31
経る	经过 jīngguò	③	75
減る	减少 jiǎnshǎo	④	129
篇	篇 piān	④	164
変化	变化 biànhuà	③	58
変化する	变化 biànhuà	③	71
勉強する	学习 xuéxí	①	13
弁護士	律师 lǜshī	④	108
便利だ	方便 fāngbiàn	③	82

ほ

放棄する	放弃 fàngqì	④	126
方向	方向 fāngxiàng	④	102
帽子	帽子 màozi	③	64
放送する	广播 guǎngbō	④	128
包丁	刀 dāo	④	101
報道する	报道 bàodào	④	121
豊富だ	丰富 fēngfù	④	144
方法	办法 bànfǎ	③	57
方法	方法 fāngfǎ	④	102
方面	方面 fāngmiàn	④	102
訪問する	访问 fǎngwèn	④	126
法律	法律 fǎlǜ	④	102
他に	另外 lìngwài	④	168
保護する	保护 bǎohù	④	121
募集する	招聘 zhāopìn	④	141
保証する	保证 bǎozhèng	④	121
北方	北方 běifāng	③	57

ホテル	宾馆	bīnguǎn	③	58
ほとんど	几乎	jīhū	③	86
ほとんど	差不多	chàbuduō	④	154
ほめる	表扬	biǎoyáng	④	122
本	书	shū	①	7
本当に	真	zhēn	②	46
本当に	实在	shízài	④	157
本当に	真正	zhēnzhèng	④	158
翻訳する	翻译	fānyì	④	125

ま

毎	每	měi	②	47
前	前面	qiánmiàn	①	6
前もって	提前	tíqián	④	158
負ける	输	shū	④	136
孫	孙子	sūnzi	④	113
まさか	难道	nándào	④	156
まじめだ	认真	rènzhēn	③	84
まず	首先	shǒuxiān	④	157
貧しい	穷	qióng	④	149
ますます	越	yuè	③	88
また	还	hái	②	45
また	再	zài	②	46
また	又	yòu	③	88
まだ	还	hái	②	45
またがる	骑	qí	③	77
町	城市	chéngshì	③	59
間違っている	错	cuò	②	42
待つ	等	děng	②	37
窓	窗户	chuānghu	④	100
まとめる	总结	zǒngjié	④	142
間に合う	来得及	láidejí	④	131
間に合わない	来不及	láibují	④	131
丸い	圆	yuán	④	152
万	万	wàn	③	90
満足する	满意	mǎnyì	③	76

み

見える	看见	kànjiàn	①	11
見方	看法	kànfǎ	④	107
右側	右边	yòubiān	②	36
短い	短	duǎn	③	81
Miss.	小姐	xiǎojie	①	8
水	水	shuǐ	①	7
Mr.	先生	xiānsheng	①	7
店の量詞	家	jiā	③	91
見た	看见	kànjiàn	①	11
乱れている	乱	luàn	④	148
道	路	lù	②	33
満ちている	满	mǎn	④	148
緑色の	绿	lǜ	③	83
南	南	nán	③	95
身なりをする	打扮	dǎban	④	123
身につける	养成	yǎngchéng	④	140
耳	耳朵	ěrduo	③	60
見る	看	kàn	①	11
民族	民族	mínzú	④	108
みんな	都	dōu	①	17
みんな	大家	dàjiā	②	47

む

向かい	对面	duìmiàn	④	102
迎える	接	jiē	③	75
難しい	难	nán	③	83
難しい	困难	kùnnan	④	147
息子	儿子	érzi	①	4
娘	女儿	nǚ'ér	①	6
無駄遣いする	浪费	làngfèi	④	132
無料にする	免费	miǎnfèi	④	133
群れ	群	qún	④	164

め

目	眼睛 yǎnjing	②	35
目がさめる	醒 xǐng	④	139
メガネ	眼镜 yǎnjìng	③	68
メニュー	菜单 càidān	③	58
面倒な	麻烦 máfan	④	148
面倒をかける	麻烦 máfan	④	133
面倒を見る	照顾 zhàogù	③	79
麺類	面条 miàntiáo	③	64

も

…も	也 yě	②	45
もう	就 jiù	②	45
儲かる	赚 zhuàn	④	142
儲ける	赚 zhuàn	④	142
申し込む	报名 bàomíng	④	121
申し訳ない	抱歉 bàoqiàn	④	143
目的	目的 mùdì	④	109
もし…ならば	如果 rúguǒ	③	94
もしもし	喂 wéi(wèi)	①	27
持ち上げる	抬 tái	④	137
もちろん	当然 dāngrán	③	86
持つ	拿 ná	③	76
最も	最 zuì	②	46
元々	本来 běnlái	④	154
物	东西 dōngxi	①	4
物語	故事 gùshi	③	60
物や人の量詞	个 ge	①	25
問題	题 tí	②	34
問題	问题 wèntí	②	35

や

役割	作用 zuòyòng	③	70
野菜	菜 cài	①	3
易しい	容易 róngyì	③	84
安い	便宜 piányi	②	43
休む	休息 xiūxi	②	40
やせている	瘦 shòu	③	84
やっと	才 cái	③	86
破れている	破 pò	④	148
破れる	破 pò	④	133
山に登る	爬山 pá shān	③	77
山の量詞	座 zuò	④	164
柔らかい	软 ruǎn	④	149

ゆ

勇敢だ	勇敢 yǒnggǎn	④	151
友好的だ	友好 yǒuhǎo	④	152
優秀だ	优秀 yōuxiù	④	151
友情	友谊 yǒuyì	④	117
郵便で送る	寄 jì	④	129
有名だ	有名 yǒumíng	③	85
ユーモアがある	幽默 yōumò	④	151
雪	雪 xuě	②	35
譲る	让 ràng	②	39
豊かだ	富 fù	④	144
ゆっくりである	慢 màn	②	43
夢	梦 mèng	④	108
許す	原谅 yuánliàng	④	140
許す	允许 yǔnxǔ	④	140

よ

…よ 呀 ya ④ 170
よい 好 hǎo ① 15
よい点 优点 yōudiǎn ④ 117
要求 要求 yāoqiú ③ 68
要求する 要求 yāoqiú ③ 79
用事 事情 shìqing ② 34
様子 样子 yàngzi ④ 117
揚子江 长江 Cháng Jiāng ④ 100
…ようだ 好像 hǎoxiàng ④ 155
曜日 星期 xīngqī ① 8
よく 经常 jīngcháng ③ 87
よく知っている 熟悉 shúxī ④ 136
横になる 躺 tǎng ④ 137
予習する 预习 yùxí ④ 140
装う 打扮 dǎban ④ 123
予測する 估计 gūjì ④ 127
読む 读 dú ① 10
読む 看 kàn ① 11
読む 阅读 yuèdú ④ 140
…より 比 bǐ ② 52
夜 晚上 wǎnshang ② 34
よろしい 行 xíng ④ 151
4 四 sì ① 24

ら

ライオン 狮子 shīzi ④ 112

り

理解する 了解 liǎojiě ③ 76
理解する 理解 lǐjiě ④ 132
理想 理想 lǐxiǎng ④ 108
理想的だ 理想 lǐxiǎng ④ 147
理髪する 理发 lǐfà ④ 132
留学する 留学 liúxué ④ 132
流行する 流行 liúxíng ④ 132
流暢だ 流利 liúlì ④ 147
料理 菜 cài ① 3
旅行する 旅游 lǚyóu ② 38
旅行のガイド 导游 dǎoyóu ④ 101
リラックスしている 轻松 qīngsōng ④ 149
離陸する 起飞 qǐfēi ④ 133
リンゴ 苹果 píngguǒ ① 6

れ

零 零 líng ① 23
礼儀 礼貌 lǐmào ④ 108
冷静だ 冷静 lěngjìng ④ 147
冷蔵庫 冰箱 bīngxiāng ③ 58
歴史 历史 lìshǐ ③ 63
レストラン 饭馆 fànguǎn ① 4
レベル 水平 shuǐpíng ③ 66
練習する 练习 liànxí ③ 76
連絡する 联系 liánxì ④ 132

ろ

浪費する 浪费 làngfèi ④ 132
6 六 liù ① 23
ロマンチックな 浪漫 làngmàn ④ 147

わ

ワイシャツ	衬衫 chènshān	③	58
若い	年轻 niánqīng	③	83
わかる	懂 dǒng	②	37
わかる	发现 fāxiàn	③	73
わかる	明白 míngbai	③	76
分ける	分 fēn	③	73
わざと	故意 gùyì	④	155
忘れる	忘记 wàngjì	③	78
私	我 wǒ	①	19
私たち	我们 wǒmen	①	19
私たち	咱们 zánmen	④	160
渡る	过 guò	④	128
笑い話	笑话 xiàohua	④	115
笑う	笑 xiào	②	40
割引する	打折 dǎzhé	④	124
悪い	坏 huài	③	82

を

…を	把 bǎ	③	93
…を通じて	通过 tōngguò	④	165
…を除く	除了 chúle	③	94
…をもって	以 yǐ	④	165

著者紹介

郭春貴（かく　はるき）

1986 年東京大学大学院博士課程単位取得中退（中国語学専攻）。
現在、広島修道大学名誉教授。
2009 年 4 月～ 9 月 NHKラジオ まいにち中国語講師。

主な著書

『誤用から学ぶ中国語』白帝社 2001／『中国語検定対策３級・４級 単語編』白帝社 2003／『中国語検定対策３級・４級 文法編』白帝社 2005／『中国語検定対策２級 リスニング編』白帝社 2008／『中国語検定対策２級 語彙編』白帝社 2009／『やさしく楽しい400語で学ぶ 中国語入門』共著、白帝社 2011／『品詞別・例文で覚える HSK 基本語彙 ５級－６級』共著、白帝社 2013／『誤用から学ぶ中国語 続編１』白帝社 2014／『誤用から学ぶ中国語 続編２』白帝社 2017／『やさしく楽しい中級中国語』共著、白帝社 2017／『HSK成語用法』共著、白帝社 2018／『第２外国語中国語教育の諸問題』白帝社 2020／『作文から学ぶ中国語（上）』共著、白帝社 2022／『作文から学ぶ中国語（下）』共著、白帝社 2024

郭久美子（かく　くみこ）

1976 年青山学院大学英文学科卒業、2000 年広島大学大学院教育学研究科修士課程修了（日本語教育専攻）。現在広島大学、県立広島大学、広島修道大学中国語非常勤講師、広島 YMCA 日本語非常勤講師。

著書・訳書

『娘とわたしの戦争』（葉広芩著）／『やさしく楽しい400語で学ぶ中国語入門』共著、白帝社 2011／『品詞別・例文で覚える HSK 基本語彙 5級－6級』共著、白帝社 2013／『やさしく楽しい中級中国語』共著、白帝社 2017／『HSK成語用法』共著、白帝社 2018／『作文から学ぶ中国語（上）』共著、白帝社 2022／『作文から学ぶ中国語（下）』共著、白帝社 2024

音声ダウンロード

●カバーデザイン：宇佐美佳子

品詞別・例文で覚える HSK 基本語彙 １級―４級

2012年 6 月 30 日　初版発行
2024年 6 月 15 日　音声ダウンロード版 4 刷発行

編著者　郭春貴・郭久美子
発行者　佐藤和幸
発行所　白 帝 社

〒171-0014　東京都豊島区池袋 2-65-1
TEL　03-3986-3271
FAX　03-3986-3272(営)
https://www.hakuteisha.co.jp

組版・印刷／倉敷印刷株式会社　　製本／㈱ティーケー出版印刷

Printed in Japan〈検印省略〉6914　　ISBN978-4-86398-409-7
＊定価はカバーに表示してあります。